全国高等职业院校关务与外贸实训教材
职业教育校企合作开发特色教材

报关单填制

BAOGUANDAN TIANZHI
SHIWU

实务

陈玉红　曾红艳◎主　编

崔　莹　刘　幸　罗汝珍◎副主编

中国海南出版社有限公司
中国·北京

图书在版编目（CIP）数据

报关单填制实务/陈玉红，曾红艳主编.—北京：中国海关出版社有限公司，2023.5
ISBN 978-7-5175-0686-7

Ⅰ.①报… Ⅱ.①陈… ②曾… Ⅲ.①进出口贸易—海关手续—中国—教材
Ⅳ.①F752.5

中国国家版本馆 CIP 数据核字（2023）第 065210 号

报关单填制实务

BAOGUANDAN TIANZHI SHIWU

作　　者：陈玉红　曾红艳
策划编辑：景小卫
责任编辑：孙　倩
出版发行：中国海关出版社有限公司
社　　址：北京市朝阳区东四环南路甲 1 号　　　　　　邮政编码：100023
网　　址：www.hgcbs.com.cn
编 辑 部：01065194242 - 7534（电话）
发 行 部：01065194221/4238/4246/5127/7543（电话）
社办书店：01065195616（电话）
　　　　　https://weidian.com/? userid＝319526934（网址）
印　　刷：北京天恒嘉业印刷有限公司　　　　　　经　　销：新华书店
开　　本：787mm×1092mm　1/16
印　　张：17　　　　　　　　　　　　　　　　　字　　数：381 千字
版　　次：2023 年 5 月第 1 版
印　　次：2023 年 5 月第 1 次印刷
书　　号：ISBN 978-7-5175-0686-7
定　　价：56.00 元

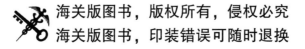

前　言

　　《报关单填制实务》以培养学生适应跨境、国际物流迅猛发展催生的进出口报关职业工作为目标，以报关员职业能力培养为出发点，结合全国职业院校关务技能大赛"报关单填制与报关单证质量监控"模块的主要考核内容作为练习材料进行编写。

　　本书借鉴了"以工作过程为导向"的课程开发和建设方法，确定关务职业岗位的典型工作任务，并将其归纳为若干作业管理单元；根据报关单填制所需的规范和技能，将作业管理领域转换为学习单元，最终设计成"报关单填制与审核工作过程为导向"的学习模块和学习单元，将含义、规范、信息来源、案例分析、作业实施与特殊贸易报关单填制易错点解析相结合，突出入职能力的培养，以充分体现教材的职业性。

　　本书在内容选取与结构安排上，强调简洁、实用，以相关知识和案例拓展思路，以技能培养和专业规范为标准，将报关单填制与审核工作过程的"单单一致""单货一致""单证一致"作为核心，把典型工作任务作为技能训练的载体，充分兼顾单证填制过程中所要求的知识与能力以及学生未来发展的需要，强调难点和重点，避开易错点。

　　本书强调报关员实用业务技能的培养，突出对报关单填制规范和技能的有效学习和合理利用。通过学习和练习，能够基本实现与关务职业岗位的"零距离"对接。不仅有利于企业选用合适的专业人才，也会缩短企业新入职员工适应工作岗位的周期。可作为高职院校相关专业的实训教材和教学参考书。

　　本书的编写由校企合作共同完成，并得到了校企双方多位专家的大力支持，在此一并表示感谢。由于本书案例来源于实际工作，涉及到大量中英文书写和符号，如有错漏之处，敬请批评指正。

编者

2023 年 5 月

目　录

项目一　概　述

项目二　报关单填制规范

项目三　案例解析

项目一
概　述

为贯彻落实党中央、国务院关于中国国际贸易"单一窗口"（简称"单一窗口"）建设的一系列决策部署，统筹推进"单一窗口"建设，海关总署在总结沿海地区"单一窗口"建设试点成果基础上，结合我国口岸管理实际，并充分借鉴国际上"单一窗口"成熟经验，建设"单一窗口"标准版。建立我国国际贸易"单一窗口"是我国要成为国际贸易强国的关键重大战略措施。国际贸易"单一窗口"旨在使企业和政府之间的信息流更为畅通和简化，有助于提高我国对外贸易的竞争力、效益和效率。

一、国际贸易"单一窗口"简介

"单一窗口"（Single Window；Sole Window），是指参与国际贸易和运输的各方，根据相关法律法规的要求，通过单一的切入点向各相关政府机构提交货物进出口或转运所需要的标准化信息和单证的平台。2018 年 8 月 1 日起，我国取消 QP 系统（电子口岸预录入系统）中的一次申报功能，改为在中国国际贸易"单一窗口"进行整合申报。

"单一窗口"的登录界面如图 1-1 所示。登录后，报关数据录入界面如图 1-2 所示：

图 1-1 中国国际贸易"单一窗口"标准版登录界面

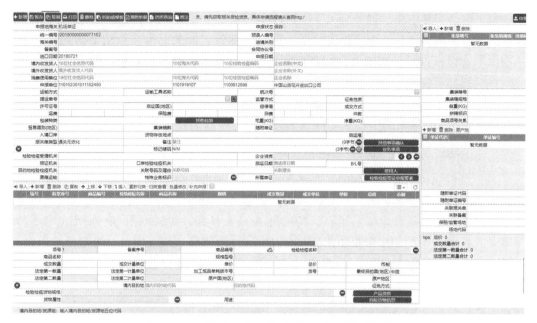

图1-2 "单一窗口"报关数据录入界面

国际贸易"单一窗口"为企业提供"五个一"服务：即一个平台登录、一次提交、统一数据标准、统一办理反馈、一站式通关。

"单一窗口"通常具备四个要素：

1. 一次申报，也就是说贸易经营企业只需要一次性向贸易管理部门提交相应的信息和单证；

2. 通过一个设施申报，该设施拥有统一的平台，对企业提交的信息数据进行一次性处理；

3. 使用标准化的数据元，贸易经营企业提交的信息应为标准化的数据；

4. 能够满足政府部门和企业的需要。

二、"单一窗口"的作用

1. 促进了国际贸易的便利化和口岸营商环境的改善。

2. 解决了国际贸易多头重复申报的问题。

3. 实现了多部门的联合监管。

4. 有效地降低了企业通关成本。

5. 缩短了货物通关时间。

三、国际贸易"单一窗口"功能

1. 国际贸易"单一窗口"的基本功能

国务院口岸工作部际联席会议办公室发布的《关于国际贸易"单一窗口"建设的框架意见》，分别规定了中央和地方两个层面"单一窗口"的基本功能。

（1）中央层面统筹推进"单一窗口"基本功能建设，包括：

①口岸执法与基本服务功能。主要包括货物申报、运输工具申报、税费支付、贸

易许可和原产地证书申领、企业资质办理、出口退税申报、查询统计等全流程服务功能，方便企业一次申报和业务办理，满足口岸管理相关部门的要求。

②跨部门信息共享和联网应用。加强口岸管理相关部门数据的联网共享与综合利用，进一步提高口岸管理相关部门的联合执法和科学决策能力。

③与境外信息交换功能。服务国家"一带一路"建设，支持跨境联网合作，开展与"一带一路"沿线国家和地区以及世界主要贸易伙伴之间的信息互换与服务共享，实现与国际上"单一窗口"的互联互通。

（2）地方层面拓展实施"单一窗口"特色服务功能，包括：

①口岸政务服务功能。推广应用"单一窗口"标准版，同时结合本地口岸通关业务特色需求，进一步提升和扩展项目的应用功能，建设本地口岸政务服务项目，如物流监管、特殊区域、港澳台贸易等。

②口岸物流服务功能。结合本地口岸业务特点与需求，打通港口、机场、铁路、公路等物流信息节点，促进运输、仓储、场站、代理等各类物流企业与外贸企业的信息共享和业务协同，支持水、陆、空、铁及多式联运等多种物流服务方式，积极开展与地方各类物流信息平台的互联合作，推动外贸与物流联动发展。

③口岸数据服务功能。以口岸管理相关部门的通关物流状态信息为基础，整合运输工具动态信息、集装箱信息、货物进出港和装卸等作业信息，形成完整的通关物流状态综合信息库，为企业提供全程数据服务，方便企业及时掌握通关申报各环节状态。

④口岸特色应用功能。发挥"单一窗口"信息资源、用户资源集聚优势，与金融、保险、电商、通信、信息技术等相关行业对接，为国际贸易供应链各参与方提供特色服务，有效支持地方口岸新型贸易业态发展。

2. 国际贸易"单一窗口"具体功能介绍

国际贸易"单一窗口"标准版应用服务，以"总对总"方式与各口岸管理和国际贸易相关部门系统对接，实现申报人通过"单一窗口"标准版一点接入、一次性提交满足口岸管理和国际贸易相关部门要求的标准化单证和电子信息。系统目前已实现货物申报、舱单申报、运输工具申报、企业资质办理、许可证件申请、原产地证书申领、出口退税申请、税费办理、加工贸易备案、跨境电商、物品通关、检验检疫、服务贸易、检验检疫、金融服务、口岸物流、查询统计等19大类基本服务功能。

项目二
报关单填制规范

为规范进出口收发货人的申报行为，统一进出口货物报关单填制要求，保证报关单数据质量，根据《中华人民共和国海关法》（简称《海关法》）及有关法规，制定《中华人民共和国海关进出口货物报关单填制规范》（简称《报关单填制规范》）。本部分主要依据海关总署2019年第18号公告要求，重点讲述进出口货物报关单各栏目填制的基本要求及应注意事项。

一、预录入编号

（一）含义

预录入编号指预录入报关单的编号，一份报关单对应一个预录入编号，由系统自动生成（如图2-1所示）。

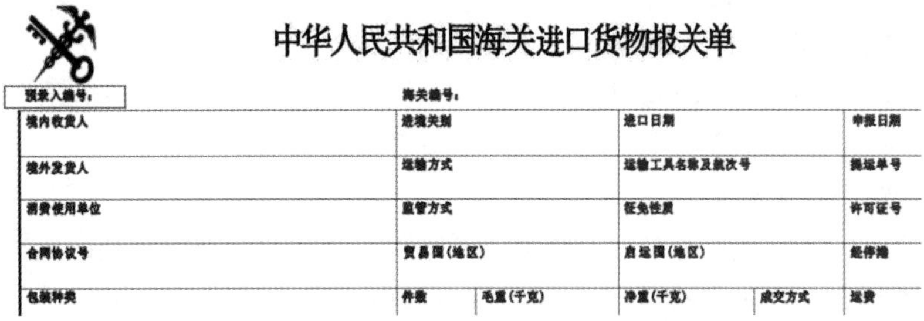
中华人民共和国海关进口货物报关单

预录入编号：　　海关编号：

境内收货人	进境关别		进口日期		申报日期
境外发货人	运输方式		运输工具名称及航次号		提运单号
消费使用单位	监管方式		征免性质		许可证号
合同协议号	贸易国(地区)		启运国(地区)		经停港
包装种类	件数	毛重(千克)	净重(千克)	成交方式	运费

图2-1　预录入编号

（二）填制规范

1. 报关单预录入编号为18位，其中第1～4位为接受申报海关的代码（海关规定的“关区代码表”中相应海关代码），第5～8位为录入时的公历年份，第9位为进出口标志（“1”为进口，“0”为出口；集中申报清单“I”为进口，“E”为出口），后9位为顺序编号。

2. 该栏目由系统自动生成，无须申报人填报。

二、海关编号

（一）含义

海关编号指海关接受申报时给予报关单的编号，一份报关单对应一个海关编号，由系统自动生成（如图2-2所示）。

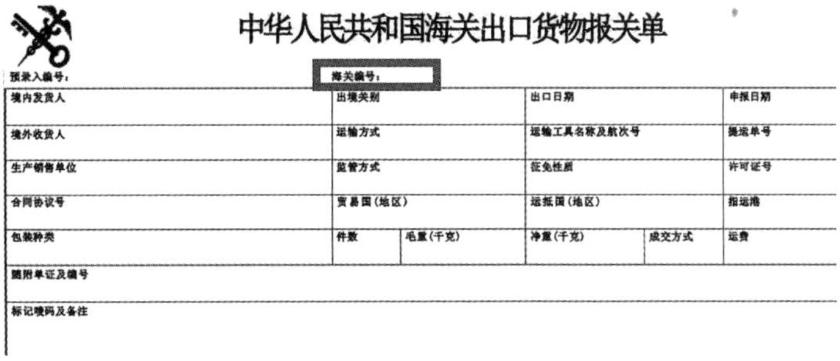
中华人民共和国海关出口货物报关单

预录入编号：　　海关编号：

境内发货人	出境关别		出口日期		申报日期
境外收货人	运输方式		运输工具名称及航次号		提运单号
生产销售单位	监管方式		征免性质		许可证号
合同协议号	贸易国(地区)		运抵国(地区)		指运港
包装种类	件数	毛重(千克)	净重(千克)	成交方式	运费
随附单证及编号					
标记唛码及备注					

图2-2　海关编号

（二）填制规范

1. 报关单海关编号为18位，其中第1~4位为接受申报海关的代码（海关规定的"关区代码表"中相应海关代码），第5~8位为海关接受申报的公历年份，第9位为进出口标志（"1"为进口，"0"为出口；集中申报清单"I"为进口，"E"为出口），后9位为顺序编号。

2. 该栏目由系统自动生成，无须申报人填报。

三、境内收发货人

（一）含义

境内收发货人是指在海关备案的对外签订并执行进出口贸易合同的中国境内法人、其他组织名称或个人的名称及编码。

（二）填制规范

1. 编码填报18位法人和其他组织统一社会信用代码，没有统一社会信用代码的，填报其在海关的备案编码。

2. 特殊情况填报要求。

（1）进出口货物合同的签订者和执行者非同一企业的，填报合同的执行者。

（2）外商投资企业委托进出口企业进口投资设备、物品的，填报外商投资企业，并在标记唛码及备注栏注明"委托某进出口企业进口"，同时注明被委托企业的18位法人和其他组织统一社会信用代码。

（3）有代理报关资格的报关企业代理其他进出口企业办理进出口报关手续时，填报委托的进出口企业。

（4）海关特殊监管区域收发货人填报该货物的实际经营单位或海关特殊监管区域内经营企业。

（5）免税品经营单位经营出口退税国产商品的，填报免税品经营单位名称。

【填制示例及解析】

填制示例如图2-3所示。

买家：XXXXXX有限公司
Address:XXX Avenue, XXX District, XXX City

Buyers:

XXXXXX.Ltd.

Address:Room XXX, XXX centre, XXX street, Hongkong

销售合同

合同协议号：

XX198765432

日期 DATE: 2020/3/29

买卖双方经协商同意按以下条款成交：

The undersigned Seller and Buyer have agreed to conclude the following transactions according to the terms and conditions set forth as below.

中华人民共和国海关出口货物报关单

预录入编号				海关编号：		
境内发货人		出境关别		出口日期		申报日期
境外收货人		运输方式		运输工具名称及航次号		提运单号
生产销售单位		监管方式		征免性质		许可证号
合同协议号		贸易国(地区)		运抵国(地区)		指运港
包装种类		件数	毛重(千克)	净重(千克)	成交方式	运费
随附单证及编号						

图 2-3 境内收发货人—出口报关单

本栏目可在示例的合同中找到，由于示例是出口单，所以卖方为境内发货人，合同中卖方为"××××××有限公司"，根据报关单填制规范，示例出口报关单中"境内发货人"栏目填报"××××××有限公司（××××××××××××××××）"。

（三）信息来源

1. 证照信息获取。

收发货人营业执照中印有统一社会信用代码。

2. 官方网站查询。

（1）报关人员可使用国家企业信用信息公示系统查询收发货人的统一社会信用代码及相关信用信息。

（2）报关人员可使用中国海关企业进出口信用信息公示平台查询收发货人的海关10位代码及相关信用信息。

3. 使用报关单证核实。

四、进出境关别

（一）含义

进出境关别是指货物实际进出境的口岸海关。

（二）填制规范

1. 根据货物实际进出境的口岸海关，填报海关规定的"关区代码表"中相应口岸海关的名称及代码。

2. 特殊情况填报要求。

（1）进口转关运输货物填报货物进境地海关名称及代码，出口转关运输货物填报货物出境地海关名称及代码。按转关运输方式监管的跨关区深加工结转货物，出口报关单填报转出地海关名称及代码，进口报关单填报转入地海关名称及代码。

（2）在不同海关特殊监管区域或保税监管场所之间调拨、转让的货物，填报对方海关特殊监管区域或保税监管场所所在的海关名称及代码。

（3）无实际进出境的货物，填报接受申报的海关名称及代码。

3. 限定口岸要求。

（1）国家对汽车整车、药品、固体废弃物等货物限定口岸进口；对实行许可证管理的货物，按证件核准口岸限定进出口，如海关总署签发海关进境动植物检疫许可证，指定其进境口岸和限定其使用范围和时间。

（2）加工贸易进出境货物，应填报主管海关备案时所限定或指定货物进出的口岸海关名称及代码。限定或指定口岸与货物实际进出境口岸不符的，应向合同备案主管海关办理变更手续后填报。

【填制示例及解析】

填制示例如图2-4所示。

XXXXXX有限公司（十八位信用代码XXXXXXXXXXXXXXXXXX，海关十位代码XXXXXXXXXX）委托某报关公司从盐田港(大鹏海关)申报出口"XXX"一批，产品为家用，境外品牌（其他），加热原理：电能转化热能，

境内货源地：佛山其他

运输工具:海运班轮　船名：VATIAN　航次：2002E

载货清单号：XXXXXXXXXXXXX

提单号：XXXX01019020341

中华人民共和国海关出口货物报关单

预录入编号：			海关编号：		
境内发货人		出境关别	出口日期		申报日期
境外收货人		运输方式	运输工具名称及航次号		提运单号
生产销售单位		监管方式	征免性质		许可证号
合同协议号		贸易国（地区）	运抵国（地区）		指运港
包装种类		件数	毛重（千克）	净重（千克）	成交方式	运费
随附单证及编号					

图2-4　出境关别

本栏目可在示例的文字说明背景资料中找到，由"××××××有限公司（十八位信用代码××××××××××××××××××，海关十位代码××××××××××）委托某报关公司从盐田港

（大鹏海关）申报出口'×××'一批，"可知货物出境关别为大鹏海关，根据报关单填制规范，示例出口报关单中"出境关别"栏目填报"大鹏海关（5316）"。

（三）信息来源

1. 实际进出境的货物。

报关人员根据提运单信息或舱单信息填报本栏目。例如，进口提单或运单中的"Port of Destination Xingang China"，根据"关区代码表"，填报"新港海关（0202）"，或使用海关总署新舱单信息查询系统，查询运输工具的进出境关区代码。

2. 无实际进出境的货物。

不同海关特殊监管区域或保税监管场所之间调拨、转让的货物，填报对方特殊监管区域或保税监管场所所在的海关名称及代码；深加工贸易结转、补税等报关业务，填报接受申报的海关名称及代码。

五、进出口日期

（一）含义

进口日期是指运载进口货物的运输工具申报进境的日期。

出口日期是指运载出口货物的运输工具办结出境手续的日期。

（二）填制规范

1. 出口日期在申报时免予填报。

2. 无实际进出境的货物，填报海关接受申报的日期。

3. 进出口日期为 8 位数字，顺序为年（4 位）、月（2 位）、日（2 位）。

（三）信息来源

1. 进口日期，报关人员可查询运输工具申报进境日期，进行正确填报（如图 2-5 所示）。

```
【货物信息】
外商免费赠送XXX公司2个XXXX(接口管理功能)，用于研发，做产
品符合性的封装和测试。

货物从香港通过深圳皇岗口岸（皇岗海关）入境，存入企业库房。

运输工具：汽车

载货清单号：XXXXXXXXXXXX

进口日期：2020年4月7日

境内目的地：湖南省岳阳市

申报要素：

境外品牌：YYY

用途：通信设备通用

状态：已蚀刻且未切割、未封装的XXXX原片、非量产、12inch,可切割

　　　为1398颗XXXX

双方无特殊关系、商品无特许权使用费
```

进口日期 20220407

图 2-5　进口日期

2. 出口日期, 报关人员在申报时无须填报。

3. 报关人员可使用海关总署新舱单信息查询系统, 查询运输工具的进境日期。

六、申报日期

(一) 含义

申报日期指海关接受进出口货物收发货人、受委托的报关企业申报数据的日期。

(二) 填制规范

1. 以电子数据报关单方式申报的, 申报日期为海关计算机系统接受申报数据时记录的日期 (如图 2-6 所示)。

海关编号: 531420180146079400

出口口岸 (5301)	出口日期	申报日期
皇岗海关		20180204
运输方式(4)	运输工具名称	提运单号
公路运输	/5100419236611	2243710965
监管方式 (3339)	征免性质 (101)	备案号
其他进出口免费	一般征税	
(112)	指运港 (112)	境内货源地 (44199)
	印度尼西亚	东莞
运费	保费	杂费
包装种类 (2)	毛重(千克)	净重(千克)
纸箱	182	158

图 2-6 申报日期

2. 以纸质报关单方式申报的, 申报日期为海关接受纸质报关单并对报关单进行登记处理的日期。

3. 申报日期为 8 位数字, 顺序为年 (4 位)、月 (2 位)、日 (2 位)。

4. 本栏目在申报时免予填报。

七、备案号

(一) 含义

备案号是指进出口货物收发货人、消费使用单位、生产销售单位在海关办理加工贸易合同备案或征、减、免税审核确认等手续时, 海关核发的加工贸易手册、海关特殊监管区域和保税监管场所保税账册、中华人民共和国海关进出口货物征免税证明 (简称征免税证明) 或其他备案审批文件的编号。

(二) 填制规范

一份报关单只允许填报一个备案号。无备案审批文件的报关单, 本栏目免予填报。

备案号的首位标记应与报关单 "监管方式" "征免性质" "征免" "用途" "项号" 等栏目内容相对应。

1. 报关单 "监管方式" 栏为表 2-1 (监管方式代码表) 中的监管方式时, "备案号" 栏应填报与其相应的编号, 不得为空。

表 2-1　监管方式代码表

代码	监管方式名称	代码	监管方式名称	代码	监管方式名称
0200	料件放弃	0214	来料加工	0245	来料料件内销
0255	来料深加工	0258	来料余料结转	0265	来料料件复出
0300	来料料件退换	0314	加工专用油	0320	不作价设备
0345	来料成品减免	0400	成品放弃	0446	加工设备内销
0456	加工设备结转	0466	加工设备退运	0500	减免设备结转
0513	补偿贸易	1200	保税间货物	0615	进料对口
0644	进料料件内销	0654	进料深加工	0657	进料余料结转
0664	进料料件复出	0700	进料料件退换	0744	进料成品减免
0864	进料边角料复出	0844	进料边角料内销	0845	来料边角料内销
2225	外资设备物品	0865	来料边角料复出	2025	合资合作设备
5014	区内来料加工	4400	来料成品退换	4600	进料成品退换
0420	加工贸易设备	5015	区内进料加工货物	5100	成品进出区
6033	物流中心进出境货物	5034	区内物流货物	1234	保税区仓储转口

2. 报关单"征免性质"栏为表 2-2（征免性质代码表）中的征免性质时，"备案号"栏应填报相应的编号，不得为空。

表 2-2　征免性质代码表

代码	征免性质简称	代码	征免性质简称	代码	征免性质简称
201	无偿援助	307	保税区	401	科教用品
406	重大项目	412	基础设施	413	残疾人
417	远洋渔业	422	集成电路	499	ITA 产品
501	加工设备	502	来料加工	503	进料加工
506	边境小额	601	中外合资	602	中外合作
603	外资企业	606	海洋石油	608	陆上石油
609	贷款项目	611	贷款中标	789	鼓励项目
801	救灾捐赠	802	扶贫慈善	898	国批减免
998	内部暂定	999	例外减免		

3. 加工贸易货物备案号的填报。

加工贸易项下进出口报关业务，应填报加工贸易手册或账册编号。

加工贸易成品凭征免税证明转为减免税进口货物的，进口报关单填报征免税证明编号，出口报关单填报加工贸易手册编号。

对加工贸易设备、使用账册管理的海关特殊监管区域内减免税设备之间的结转，转入和转出企业分别填报进、出口报关单，在报关单"备案号"栏目填报加工贸易手册编号。

4. 涉及征、减、免税审核确认的报关单，填报征免税证明编号。

5. 减免税货物退运出口，填报中华人民共和国海关进口减免税货物准予退运证明的编号；减免税货物补税进口，填报减免税货物补税通知书的编号；减免税货物进口或结转进口（转入），填报征免税证明的编号；相应的结转出口（转出），填报中华人民共和国海关进口减免税货物结转联系函的编号。

6. 免税品经营单位经营出口退税国产商品的，免予填报。

7. 正在办理减免税申请，而货物已进境，经海关核准凭担保先予以放行的，报关单"备案号"栏可免予填报。同时应在"标记唛头及备注"栏的"标记唛码及备注"项中注明"后补征免税证明"。事后根据所申请的减免税实际结果，删除或更正原报关单的相关栏目。

（三）信息来源

备案号的填报属于与海关管理相关的信息，反映了进出口货物适用的通关制度，需要报关人员与收发货人确认。同时，备案号的填报，与报关单"监管方式""征免性质""征免""项号"等栏目内容相对应（如图 2-7 所示）。

中华人民共和国海关出口货物报关单

预录入编号：XXXXXXXXXXXXXXXXX	海关编号：XXXXXXXXXXXXXXXXX		页码/页数：1/1	
境内发货人（XXXXXXXXXXXXXXXXX）XXX公司	出境关别（2233）浦东机场	出口日期	申报日期 20210107	备案号
境外收货人 BBB公司	运输方式 航空运输	运输工具名称及航次号 KLXXX	提运单号 XXXXXXXXXX_XXXXXXX	
生产销售单位 BBB公司	监管方式（1300）修理物品	征免性质（299）其他法定	许可证号	
合同协议号 XXXXXXXX	贸易国（地区）（DEU）德国	运抵国（地区）（DEU）德国	指运港（DEU000）德国	离境口岸（310302）上海浦东国际机场
包装种类 木制或竹藤等植物性质材料制盒/箱	件数 1	毛重（千克）100	净重（千克）50	成交方式 CIF	运费 CNY/1000/3	保费 000/0.3/1	杂费

图 2-7　备案号

1. 加工贸易进口原料或出口成品，适用于保税加工货物报关程序，备案号填报进出口收发货人的电子账册编号或电子化手册编号。

2. 外商投资设备/物品，适用于减免税货物报关程序，备案号填报征免税证明编号。

3. 适用于一般进出口货物报关程序，备案号为空。

八、境外收发货人

（一）含义

境外收货人通常指签订并执行出口贸易合同中的买方或合同指定的收货人，境外发货人通常指签订并执行进口贸易合同中的卖方。

（二）填制规范

1. 填报境外收发货人的名称及编码。

2. 名称一般填报英文名称，检验检疫要求填报其他外文名称的，在英文名称后填报，以半角括号分隔；对于 AEO 互认国家（地区）企业的，编码填报 AEO 编码，填报样式为："国别（地区）代码+海关企业编码"。例如，新加坡 AEO 企业 SG123456789012（新加坡国别代码+12 位企业编码）；非互认国家（地区）AEO 企业等其他情形，编码免予填报。

3. 特殊情况下无境外收发货人的，名称及编码填报 "NO"。

（三）信息来源

从贸易合同、发票、提单等报关单证中，都可获得境外收发货人的英文名称（如图 2-8、图 2-9 所示）。如境外收发货人所在国（地区）已经与中国海关签订 AEO 互认，且境外收发货人为 AEO 认证企业，可以向境外收发货人沟通其"海关企业编码"，在通关中享受 AEO 认证企业的通关便利。

卖家：XXXXXX有限公司

Address:XXX Avenue, XXX District, XXX City

Buyers:

　XXXXXX.Ltd.

Address:Room XXX, XXX centre, XXX street, Hongkong

销售合同

合同协议号：

XX198765432

日期 DATE: 2020/3/29

买卖双方经协商同意按以下条款成交：

The undersigned Seller and Buyer have agreed to conclude the following transactions according to the terms and conditions set forth as below.

中华人民共和国海关出口货物报关单

预录入编号：		海关编号：	
境内发货人	出境关别	出口日期	
境外收货人	运输方式	运输工具名称及航次号	
生产销售单位	监管方式	征免性质	
合同协议号	贸易国(地区)	运抵国(地区)	
包装种类	件数	毛重(千克)	净重(千克)	成交方式
随附单证及编号			

图 2-8　境外收货人

合同编号:XXXXXXXXXX   签订日期: 2020年2月17日 签订地点:深圳

买方:XXXXXX进出口有限公司

地址:X市X区X路X号

卖方: XXX CORPORATION

地址: XXX 4-gil, XXXX, Seoul ,Korea

中华人民共和国海关进口货物报关单

预录入编号:		海关编号:				
境内收货人		进境关别		进口日期		申报日期
境外发货人		运输方式		运输工具名称及航次号		提运单号
消费使用单位		监管方式		征免性质		许可证号
合同协议号		贸易国(地区)		启运国(地区)		经停港
包装种类		件数	毛重(千克)	净重(千克)	成交方式	运费

图 2-9 境外发货人

任务一 综合练习 (1)

请根据给出的背景资料，根据已学内容填制空白报关单。

背景资料

科瑞佰进出口有限公司（11120166）向海关申报出口端盖（8431499900，法定单位：个/千克）。

已提供文件为发票、免费说明、装箱单，分别如图2-10、图2-11、图2-12所示。

请根据上述资料进行报关单填报（如图2-13所示）。

INVOICE

Seller :KERIBY(BEIJING)Co., Ltd ,

No.6 Taihe Road, Beijing,China

Consignee :KERIBY G.M.B.H.

Road.02 , D-50520 - GEVELSBERG , GERMANY

Date:　　　　　　　　　　　10/12/2020

Delivery Term:　　　　　　　EXW

DESCRIPTION (English)	DESCRIPTION (Chinese)	ITM P/N	Q.ty(pcs)	Unit price/pc (EURO)	Total price (EURO)
COLLAR	端盖	WW200060900	1	10.7	10.7
Total:			1		10.7

图 2-10　发票

PACKING LIST

DATE	:	10/12/2020
PACKING LIST NO.	:	20201012-1
TOTAL Qty	:	0
TOTAL NET WEIGHT KGS	:	4.900
TOTAL GROSS WEIGHT KGS	:	6.200

Details of goods as follows

DESCRIPTION (English)	DESCRIPTION (Chinese)	ITM P/N	Q.TY	NET WEIGHT
COLLAR	端盖	WW200060900	1	4.900

Total Packing: 1 PKG

Total Gross Weight (kg):　　6.200

图 2-11　装箱单

免费说明

致天津海关：

　　我司预计出口一票货物，本票货物将于 2020 年 10 月 19 日由天津运输至德国。此票货物品名为端盖，毛重 6.2 千克，数量 1PCS，1 件。

　　此次所出口的货物由我司免费提供，作为提供客户的样品，不具备销售行为，不对外收汇。

　　特此说明！望贵关给予办理货物通关及放行手续。感谢贵关长期以来对我公司的大力支持！

科瑞佰进出口有限公司

2020. 10. 12

图 2-12　免费说明

中华人民共和国海关出口货物报关单

预录入编号：		海关编号：		页码/页数：	
境内发货人	出境关别	出口日期	申报日期		备案号
境外收货人	运输方式	运输工具名称及航次号	提运单号		
生产销售单位	监管方式	征免性质	许可证号		
合同协议号	贸易国(地区)	运抵国(地区)	指运港		离境口岸
包装种类	件数	毛重(千克)	净重(千克)	成交方式	运费	保费	杂费
随附单证及编号					
标记唛码及备注					

项号	商品编号	商品名称及规格型号	数量及单位	单价/总价/币制	原产国(地区)	最终目的国(地区)	境内货源地	征免

特殊关系确认： 价格影响确认： 支付特许权使用费确认： 自报自缴：

报关人员 报关人员证号 电话	兹申明对以上内容承担如实申报、依法纳税之法律责任	海关批注及签章
申报单位	申报单位(签章)	

图 2-13　报关单

任务一　综合练习（2）

请根据给出的背景资料，根据已学内容填制空白报关单。

背景资料

货物（明细附后）从深圳宝安国际机场（深机场关）进口，货物进口后存放于国际货站，送往湖南省长沙市，境内目的地为长沙其他。双方无特殊关系，货物无特许权使用费。

广州市百汇进出口贸易有限公司，信用代码为914401016797421312，海关十位代码为4423961358。

商品名称	商品编码	品牌类型	用途	数量	型号	品牌
LED 灯条	90139020	境外品牌（其他）	适用于 LD860EQN-PMG3 型液晶显示板的背光板	240 个	LD860EQN-PMG3	SEOUN

已提供文件为销售合同、发票、装箱单，分别如图 2-14、图 2-15、图 2-16 所示。请根据上述资料进行报关单填制（如图 2-17 所示）。

SALES CONTRACT

The Buyer：Guangzhou Baihui import and export trade Co. , Ltd.　　　Contract No. ：SE20200120A
买方：广州市百汇进出口贸易有限公司　　　合同号：

Address：No. 815 Honghua Road, Baiyun District, Guangzhou　　　Date：12 January 2020
地址：　　　日期：2020 年 1 月 12 日

The Seller：SEOUN SEMICONDUCTOR Co. ,LTD.　　　Signed at：SHENZHEN
卖方：　　　签约地：深圳

Address：No. 12, Nanke 8th Rd, aian County, Southern Science
　　　　　Park, 74144, Korea
联系人：

The Seller and Buyer agrees to conclude this Contract subject to the terms and conditions stated below（买卖双方同意按照下列条款签订本合同）：

No.	Full Description of goods			Origin	Quantity	Unit	Unit Price	Amount
	Name of goods	Brand	Model				USD	USD
1	LED 灯条	SEOUN	LD860EQN-PMG3	Vietnam	240	个	11. 2316	2695. 58
	Total Amount							2695. 58

1. Packing：　　　Carton

2. Shipping Marks：　　　N/M

3. Time of Shipment：　　　Before 12 January 2020

4. Port of Loading：　　　Vietnam

5. Port of Destination：　　　SHENZHEN

6. Terms of Delivery：　　　CIF SHENZHEN

7. Insurance：Insurance shall be covered by the Buyer for 110% of the invoice value against All Risks

8. Terms of Payment：Cash on Delivery

9. This Contract is in Two copies, effective since being signed/sealed by both parties

Representative of the Seller　　　　　Representative of the Buyer
（Authorized signature）：　　　　　（Authorized signature）：

图 2-14　销售合同

COMMERCIAL INVOICE

The Seller：SEOUN SEMICONDUCTOR CO.,LTD.　　Invoice No.：SE20200120A

卖方：　　　　　　　　　　　　　　　　　　　发票号：

Address：No.12，Nanke 8th Rd，aian County，Southern

　　　　 Science Park，74144，Korea

地址：　　　　　　　　　　　　　　　　　　　Date：12 January 2020

Contact Person：　　　　　　　　　　　　　　日期：2020 年 1 月 12 日

联系人：　　　　　　　　　　　　　　　　　　Terms of Delivery：CIF SHENZHEN

The Buyer：Guangzhou Baihui import and export trade

　　　　　Co.，Ltd.

买方：广州市百汇进出口贸易有限公司　　　　　交货条件：

Address：No.815 Honghua Road，Baiyun District，Guangzhou

地址：

Contact Person：

联系人：

No.	Full Description of goods			Origin	Quantity	Unit	Unit Price	Amount
	Name of goods	Brand	Model				USD	USD
1	LED 灯条	SEOUN	LD860EQN-PMG3	Vietnam	240	个	11.2316	2695.58
							Invoice Amount	2695.58
							Freight	
							Insurance	
							Total Amount	

图 2-15　发票

PACKING LIST

The Seller：SEOUN SEMICONDUCTOR CO. ,LTD.

卖方：

Address：No. 12，Nanke 8th Rd，aian County，Southern Science

Park，74144，Korea

地址：

Contact Person：

联系人：

The Buyer：Guangzhou Baihui import and export trade Co.，Ltd.

买方：广州市百汇进出口贸易有限公司

Address：No. 815 Honghua Road, Baiyun District, Guangzhou

地址：

Contact Person：

联系人：

Invoice No.：SE20200120A

发票号：

Date：12 January 2020

日期：2020 年 1 月 12 日

Shipping Marks：N/M

唛头：无

No.	Full Description of goods			Packages		Quantity	Unit	Weight （重量：kgs）	
	Name of goods	Brand	Model	Number	type			Net	Gross
1	LED 灯条	SEOUN	LD860 EQN- PMG3	2	Carton	240	个	9	11. 5
Total （合计）				2	Carton	240	个	9	11. 5

（Authorized signature）：

图 2-16 装箱单

中华人民共和国海关进口货物报关单

预录入编号：　　　　　　海关编号：　　　　　　页码/页数：

境内收货人	进境关别		进口日期		申报日期	备案号
境外发货人	运输方式		运输工具名称及航次号		提运单号	货物存放地点
消费使用单位	监管方式		征免性质		许可证号	启运港
合同协议号	贸易国(地区)		启运国(地区)		经停港	入境口岸
包装种类	件数	毛重(千克)	净重(千克)	成交方式	运费　保费　杂费	

随附单证及编号
标记唛码及备注

项号	商品编号	商品名称及规格型号	数量及单位	单价/总价/币制	原产国(地区)	最终目的国(地区)	境内目的地	征免

特殊关系确认：　　价格影响确认：　　支付特许权使用费确认：　　自报自缴：

报关人员　报关人员证号　电话	兹申明对以上内容承担如实申报、依法纳税之法律责任	海关批注及签章
申报单位	申报单位(签章)	

图 2-17　报关单

九、运输方式

（一）含义

运输方式是指海关规定的运输方式，包括实际运输方式和特殊运输方式，前者指货物实际进出境的运输方式，按进出境所使用的运输工具分类；后者指货物无实际进出境的运输方式，按货物在境内的流向分类。

（二）填制规范

根据货物实际进出境的运输方式或货物在境内流向的类别，按照海关规定的"运输方式代码表"选择填报相应的运输方式。

1. 实际进出境货物填报要求。

（1）进境货物的运输方式，按货物运抵我国关境第一个口岸时的运输方式填报；出境货物的运输方式，按货物离开我国关境最后一个口岸时的运输方式填报。运输方式具体包括水路运输，代码为 2；铁路运输，代码为 3；公路运输，代码为 4；航空运输，代码为 5；邮件运输，代码为 6；其他运输，代码为 9。

（2）非邮件方式进出境的快递货物，按实际运输方式填报。

（3）进口转关运输货物，按载运货物抵达进境地的运输工具填报；出口转关运输货物，按载运货物驶离出境地的运输工具填报。

（4）不复运出（入）境而留在境内（外）销售的进出境展览品、留赠转卖物品等，填报"其他运输"（代码 9）。

（5）进出境旅客随身携带的货物，填报"旅客携带"（代码 L）。

（6）以固定设施（包括输油、输水管道和输电网等）运输货物的，填报"固定设施运输"（代码 G）。

2. 非实际进出境货物在境内流转时填报要求。

（1）境内非保税区运入保税区货物和保税区退区货物，填报"非保税区"（代码 0）。

（2）保税区运往境内非保税区货物，填报"保税区"（代码 7）。

（3）境内存入出口监管仓库和出口监管仓库退仓货物，填报"监管仓库"（代码 1）。

（4）保税仓库转内销货物或转加工贸易货物，填报"保税仓库"（代码 8）。

（5）从境内保税物流中心外运入中心或从中心运往境内中心外的货物，填报"物流中心"（代码 W）。

（6）从境内保税物流园区外运入园区或从园区内运往境内园区外的货物，填报"物流园区"（代码 X）。

（7）保税港区、综合保税区与境内区外（非海关特殊监管区域、保税监管场所）之间进出的货物，填报"保税港区/综合保税区"（代码 Y）。

（8）出口加工区、珠澳跨境工业区（珠海园区）、中哈霍尔果斯边境合作区（中方配套区）与境内区外（非海关特殊监管区域、保税监管场所）之间进出的货物，填报"出口加工区"（代码 Z）。

（9）境内运入深港西部通道港方口岸区的货物，填报"边境特殊海关作业区"（代码 H）。

（10）经横琴新区和平潭综合实验区（以下简称"综合试验区"）二线指定申报通道运往境内区外或从境内经二线指定申报通道进入综合试验区的货物，以及综合试验区内按选择性征收关税申报的货物，填报"综合试验区"（代码 T）。

（11）海关特殊监管区域内的流转、调拨货物，海关特殊监管区域、保税监管场所之间的流转货物，海关特殊监管区域与境内区外之间进出的货物，海关特殊监管区域外的加工贸易余料结转、深加工结转、内销货物，以及其他境内流转货物，填报"其他运输"（代码 9）。

（三）信息来源

1. 运输方式属于与运输相关的信息，实际进出境货物的运输方式由其使用的进出境运输工具决定（如图 2-18 所示）。报关人员可以通过提运单确认，如海运提单，运输方式填报“水路运输”，代码为2；空运运单，运输方式填报“航空运输”，代码为5；铁路运单，运输方式填报“铁路运输”，代码为3；等等。

中华人民共和国海关出口货物报关单

预录入编号：531420180140079400　　海关编号：531420180148079400

境内发货人（十位数字）（十八位数字） 公司	出境关别（5301） 皇岗海关	出口日期	申报日期 20180204	备案号
境外收货人（十位数字）（十八位数字） 公司	运输方式（4） 公路运输	运输工具名称及航次号 /5100419200611	提运单号 2243710066	
生产销售单位（十位数字）（十八位数字） 公司	监管方式 其他进出口免费	征免性质（101） 一般征税	许可证号	

图 2-18　运输方式

2. 非实际进出境货物中，进出海关特殊监管区域的货物，报关人员在确认货物流向后，查询“运输方式代码表”。

3. 加工贸易监管方式下非实际进出境货物，例如，进料深加工、进料余料结转、进料料件内销、进料边角料内销等货物，填报“其他运输”，代码为9。

十、运输工具名称及航次号

（一）含义

运输工具名称是指进出境运输工具的名称或编号。

航次号是指运输工具的航次编号。

（二）填制规范

填报载运货物进出境的运输工具名称或编号及航次号。填报内容应与运输部门向海关申报的舱单（载货清单）所列相应内容一致（如图2-19所示）。

XXXXXX有限公司（十八位信用代码XXXXXXXXXXXXXXXXXX，海关十位代码XXXXXXXXXX）委托某报关公司从盐田港(大鹏海关）申报出口“XXX”一批，产品为家用，境外品牌(其他)，加热原理：电能转化热能，

境内货源地：佛山其他

运输工具:海运班轮　船名：VATIAN　航次：2002E

载货清单号：XXXXXXXXXXXXX

提单号：XXXX01019020341

中华人民共和国海关出口货物报关单

海关编号：

出境关别		出口日期		申报日期
运输方式		运输工具名称及航次号		提运单号
监管方式		征免性质		许可证号
贸易国(地区)		运抵国(地区)		指运港
件数	毛重(千克)	净重(千克)	成交方式	运费

图 2-19　运输工具名称及航次号

1. 运输工具名称的具体填报要求。

（1）直接在进出境地或采用全国通关一体化通关模式办理报关手续的报关单填报要求如下。

①水路运输：填报船舶编号（来往港澳小型船舶为监管簿编号）或者船舶英文名称。

②公路运输：启用公路舱单前，填报该跨境运输车辆的国内行驶车牌号，深圳提前报关模式的报关单填报国内行驶车牌号+"/"+"提前报关"。启用公路舱单后，免予填报。

③铁路运输：填报车厢编号或交接单号。

④航空运输：填报航班号。

⑤邮件运输：填报邮政包裹单号。

⑥其他运输：填报具体运输方式名称。例如，管道、驮畜等。

（2）转关运输货物报关单填报要求如下。

①进口。

水路运输：直转、提前报关填报"@"+16位转关申报单预录入号（或13位载货清单号）；中转填报进境英文船名。

铁路运输：直转、提前报关填报"@"+16位转关申报单预录入号；中转填报车厢编号。

航空运输：直转、提前报关填报"@"+16位转关申报单预录入号（或13位载货清单号）；中转填报"@"。

公路及其他运输：填报"@"+16位转关申报单预录入号（或13位载货清单号）。

以上各种运输方式使用广东地区载货清单转关的提前报关货物填报"@"+13位载货清单号。

②出口。

水路运输：非中转填报"@"+16位转关申报单预录入号（或13位载货清单号）。如多张报关单需要通过一张转关单转关的，运输工具名称字段填报"@"。中转货物，境内水路运输填报驳船船名；境内铁路运输填报车名（主管海关4位关区代码+"TRAIN"）；境内公路运输填报车名（主管海关4位关区代码+"TRUCK"）。

铁路运输：填报"@"+16位转关申报单预录入号（或13位载货清单号），如多张报关单需要通过一张转关单转关的，填报"@"。

航空运输：填报"@"+16位转关申报单预录入号（或13位载货清单号），如多张报关单需要通过一张转关单转关的，填报"@"。

其他运输方式：填报"@"+16位转关申报单预录入号（或13位载货清单号）。

（3）采用"集中申报"通关方式办理报关手续的，报关单填报"集中申报"。

（4）免税品经营单位经营出口退税国产商品的，免予填报。

（5）无实际进出境的货物，免予填报。

2. 航次号的具体填报要求。

（1）直接在进出境地或采用全国通关一体化通关模式办理报关单填报

要求。

①水路运输：填报船舶的航次号。

②公路运输：启用公路舱单前，填报运输车辆的 8 位进出境日期［顺序为年（4位）、月（2位）、日（2位），下同］。启用公路舱单后，填报货物运输批次号。

③铁路运输：填报列车的进出境日期。

④航空运输：免予填报。

⑤邮件运输：填报运输工具的进出境日期。

⑥其他运输方式：免予填报。

（2）转关运输货物的报关单填报要求。

①进口。

水路运输：中转转关方式填报"@"+进境干线船舶航次。直转、提前报关免予填报。

公路运输：免予填报。

铁路运输："@"+8 位进境日期。

航空运输：免予填报。

其他运输方式：免予填报。

②出口。

水路运输：非中转货物免予填报。中转货物：境内水路运输填报驳船航次号；境内铁路、公路运输填报 6 位启运日期［顺序为年（2位）、月（2位）、日（2位）］。

铁路拼车拼箱捆绑出口：免予填报。

航空运输：免予填报。

其他运输方式：免予填报。

（3）免税品经营单位经营出口退税国产商品的，免予填报。

（4）无实际进出境的货物，免予填报。

（三）信息来源

运输工具名称属于与运输相关的信息，必须与舱单一致。报关人员可通过以下方式获得。

1. 提运单信息。

按照提运单上的船舶或航班信息，填报"运输工具名称"。例如，海运提单船舶信息为"WANHAI235/V.N226"，报关单上"运输工具名称"应填报"WANHAI235/N226"。填报时需要注意"/"前信息为船舶信息，"/"后为航次号，"V."无须填写。

2. 新舱单系统。

报关单的"运输工具名称"，须与新舱单系统中的进出境运输工具信息一致。报关单电子数据发送后，如本栏目填报错误，海关系统会做退单处理，报关人员需要与口岸海关的舱单系统数据修改一致后，重新发送。

十一、提运单号

（一）含义

提运单号是指进出口货物提单或运单的编号。

（二）填制规范

一份报关单只允许填报一个提单或运单号，一票货物对应多个提单或运单时，应分单填报。

1. 直接在进出境地或采用全国通关一体化通关模式办理报关手续的填报要求。

（1）水路运输：填报进出口提单号。如有分提单的，填报进出口提单号+"＊"+分提单号。

（2）公路运输：启用公路舱单前，免予填报；启用公路舱单后，填报进出口总运单号。

（3）铁路运输：填报运单号。

（4）航空运输：填报总运单号+"_"+分运单号，无分运单的填报总运单号。

（5）邮件运输：填报邮运包裹单号。

2. 转关运输货物的报关单填报要求。

（1）进口。

①水路运输：直转、中转填报提单号。提前报关免予填报。

②铁路运输：直转、中转填报铁路运单号。提前报关免予填报。

③航空运输：直转、中转货物填报总运单号+"_"+分运单号。提前报关免予填报。

④其他运输方式：免予填报。

以上运输方式进境货物，在广东省内用公路运输转关的，填报车牌号。

（2）出口。

①水路运输：中转货物填报提单号；非中转货物免予填报；广东省内汽车运输提前报关的转关货物，填报承运车辆的车牌号。

②其他运输方式：免予填报。广东省内汽车运输提前报关的转关货物，填报承运车辆的车牌号。

3. 采用"集中申报"通关方式办理报关手续的，报关单填报归并的集中申报清单的进出口起止日期［按年（4位）、月（2位）、日（2位）、年（4位）、月（2位）、日（2位）填写］。

4. 无实际进出境的货物，免予填报。

（三）信息来源

"提运单号"（缩写 B/L NO.）栏目所填报的运输单证编号，主要为海运提单号、海运单号、铁路运单号、航空运单号（如图2-20、图2-21所示）。提运单号属于与运输相关的信息，其信息来源和查询方式包括以下两种。

图 2-20　提运单号

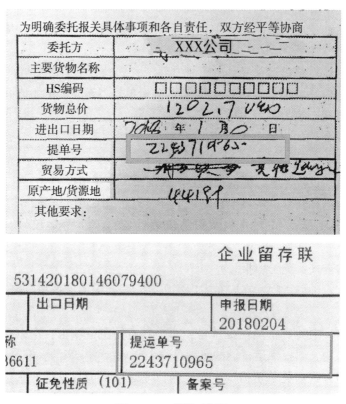

图 2-21　提运单号

1. 提运单信息。

报关人员按照提运单上的提单号或运单号，填报提运单号。

2. 新舱单系统。

提运单号的填报，需要与海关的舱单系统数据一致。报关单电子数据发送后，如本栏目填报信息错误，海关系统会做退单处理，报关人员需要与口岸海关的舱单系统数据修改一致后，重新发送。

任务二　综合练习（1）

请根据给出的背景资料，根据已学内容填制空白报关单。

背景资料

该批货物（明细附后）以公路运输方式从深圳皇岗口岸（皇岗海关）出口，货物来源：珠海特区。

珠海市江联进出口贸易有限公司，信用代码为91440400MA51334T69，海关十位代码为4404161685。

商品名称	商品编码	品牌类型	出口享惠情况	型号	原理	功率	品牌	用途	数量
空气净化器	8421391000	境内自主品牌	出口货物在最终目的国（地区）不享受优惠关税	AC-N6-SC	依据空气动力学原理，用风机将空气抽入机器，通过内置的滤网过滤空气，达到净化空气的目的	38W	NA牌	净化空气	720个

已提供文件为发票、装箱单、出口合同，如图2-22、图2-23、图2-24所示。

请根据上述资料进行报关单填报（如图2-25所示）。

INVOICE

SOLD TO：XINYAN H. K. LIMITED

ADD：　Room 1005Mui 1010, 10／F, Block C, Fo Tan au Pui Wan Street, Hong Kong

ATTN：KIN

TEL：（852）26712342

FAX：（852）26712345

PER：BY Truck

INVOICE NO.：THB2B202001180040-C

INVOICE DATE：2020/1/7

CURRENCY：CNY

PRICE TERM：FCA SZ

PAYMENT：月结90天

SAILING ON OR：2020/1/7

ITEM	Model	DESCRIPTION	数量（PCS）	单价（CNY）	总金额（CNY）
1	AC-N6-SC	空气净化器	720	589.58	424497.60
	TOTAL：		720		424497.60

图2-22　发票

PACKING LIST

SOLD TO：XINYAN H. K. LIMITED

ADD：　Room 1005Mui 1010，10 /

　　　　F，Block C，Fo Tan au Pui

　　　　Wan Street，Hong Kong

ATTN：　KIN

INVOICE NO.：　THB2B202001180040-C

INVOICE DATE：　2020/1/7

CURRENCY：　CNY

PRICE TERM：　FCA　深圳

PAYMENT：　月结90天

PER：　BY Truck

PLT NO.	DESCRIPTION	总数量（PCS）	净重（KG）	毛重（KG）	件数
1	空气净化器	720	3566.16	4600.00	20
	TOTAL：	720	3566.16	4600.00	20

图 2-23　装箱单

出口合同

日期：　2020/1/7　　　　　　　　　　号码：　THB2B202001180040-C

卖方：　珠海市江联进出口贸易有限公司　　买方：　XINYAN H. K. LIMITED

Zhuhai Jianglian import and export

trade Co., Ltd.

地址：　8 Cuizhu 5th Street, Qianshan, Zhuhai　地址：　Room 1005Mui 1010, 10/F, Block C, Fo
Tan au Pui Wan Street, Hong Kong

兹合同双方在自愿的基础上，根据以下条款达成合同如下：

1. 卖方向买方销售如下成品：

NO.	品名与税号	数量（PCS）	单位（Unit）	单价（CNY）	总金额（CNY）
1	空气净化器	720	台	589.58	424497.60
	TOTAL：	720			424497.60

2. Package：Regenerated wooden pallets
3. 装运港：深圳
   Port of Loading：Shenzhen

4. Delivery time：2020/1/27
5. 目的港：香港
   Port of destination：HongKong
6. 付款方式：T/T
   Payment：T/T

仲裁：凡因执行本合同所发生的或与本合同有关的一切争议，由双方协商解决。如协商无法解决，应提交中国国际贸易促进委员会。中国国际贸易促进委员会会根据该会仲裁程序暂行规则进行仲裁，仲裁裁决是终局的，对双方均有约束力。

Arbitration：all disputes arising from the execution of or in connection with this contract shall be settled by both parties through consultation. If the dispute cannot be settled through negotiation, it shall be submitted to China Council for the promotion of International Trade. The Foreign Trade Arbitration Commission of China Council for the Promotion of International Trade shall conduct arbitration in accordance with its provisional rules of arbitration procedure, and the arbitration award shall be final and binding on both parties.

其他：

Buyer（signature）：　　　　　　　　　　　　Seller（signature）：

图 2-24　出口合同

中华人民共和国海关出口货物报关单

| 预录入编号： | | 海关编号： | | 页码/页数： | |

境内发货人	出境关别	出口日期	申报日期	备案号
境外收货人	运输方式	运输工具名称及航次号	提运单号	
生产销售单位	监管方式	征免性质	许可证号	
合同协议号	贸易国(地区)	运抵国(地区)	指运港	离境口岸

包装种类	件数	毛重(千克)	净重(千克)	成交方式	运费	保费	杂费

随附单证及编号

标记唛码及备注

项号	商品编号	商品名称及规格型号	数量及单位	单价/总价/币制	原产国(地区)	最终目的国(地区)	境内货源地	征免

特殊关系确认：	价格影响确认：	支付特许权使用费确认：	自报自缴：

报关人员 报关人员证号 电话	兹申明对以上内容承担如实申报、依法纳税之法律责任	海关批注及签章
申报单位	申报单位(签章)	

图 2-25　报关单

任务二 综合练习（2）

请根据给出的背景资料，根据已学内容填制空白报关单。

背景资料

湖北省武汉市佳兴进出口贸易有限公司，信用代码为91420107778152915D，海关十位代码为4201964962，从蛇口港（蛇口海关）进口聚酰亚胺薄膜一批，货物进境后存放于CCT码头，送往湖北省武汉市，境内目的地：武汉其他，用于国内销售。双方无特殊关系，货物无特许权使用费。该产品是境外品牌（其他），产品贴在笔记本电脑键盘内的铝板上，链接插口导电用；产品为非泡沫，未与其他材料合制，成分：芳香族聚酰亚胺：99%；其他：1%，型号：LV200A。有IPPC标识。

已提供的文件为合同、发票、装箱单，分别如图2-26、图2-27、图2-28所示。

请根据上述信息进行报关单填报（如图2-29所示）。

CONTRACT

| CONTRACT NO.: | SKPI-PX200226-1 | DATE: | 2020/3/1 |

SELLER:	SKCKOLONPI, INC.
	INCE 5201-2,34THFLOOR AIA TOUER,
	812 ELECTRIC ROAD, NORTH POINT KOREA
TEL:	82573416
BUYER:	Hubei Wuhan Jiaxing import and export trade Co., Ltd.
	61 metallurgical Avenue, Qingshan District, Wuhan City

The undersigned Sellers and Buyers have confirmed this contract in accordance with the terms and conditions stipulated below:

NO.	BRAND	DESCRIPTION OF GOODS	MODEL/SPECIFICATION	QTY	UNIT	USD	USD	REMARKS
1	SKCK	聚酰亚胺薄膜	50mm*1545mm	10127.63	KGS	43.43	439842.97	

TOTAL PRICES:		USD 439842.97
PACKAGE:	WOODEN PALLETS	
PORT OF DEPARTURE:	PUSAN	
TERMS OF PAYMENT:	T/T	
MEANS OF TRANSPORTATION:	SEA	
TRADE TERM:	CIP SHENZHEN	
PLACE OF DELIVERY:	KOREA	

| BUYER: | Hubei Wuhan Jiaxing import and export trade Co., Ltd. | SELLER: SKCKOLONPI, INC. |

图 2-26 合同

COMMERCIAL INVOICE

ISSUER:	SKCKOLONPI, INC. INCE 5201-2, 34THFLOOR AIA TOWER, 812 ELECTRIC ROAD, NORTH POINT KOREA	
TEL:	82573416	
CONSIGNEE:	Hubei Wuhan Jiaxing import and export trade Co., Ltd.	

Freight:		Insurance:
INVOICE NO.:	SKPI-PX200226-1	DATE: 2020/3/1
TRADE TERM:	CIP SHENZHEN	
COUNTRY OF ORIGIN:	KOREA	

MARKS&NOS.	BRAND	DESCRIPTION OF GOODS	MODEL/SPECIFICATION	QTY	UNIT	UNIT PRICE USD	TOTAL PRICES USD	H.S CODE
	SKCK	聚酰亚胺薄膜	50um*1545mm	10127.63	KGS	43.43	439842.97	3920999090

TOTAL:	USD 439842.97	

AUTHORIZED SIGNATURE

图 2-27　发票

PACKING LIST

ISSUER:	SKCKOLONPI, INC. INCE 5201-2, 34THFLOOR AIA TOWER, 812 ELECTRIC ROAD, NORTH POINT KOREA	
TEL:		
CONSIGNEE:	Hubei Wuhan Jiaxing import and export trade Co., Ltd.	

TEL:		
INVOICE NO.:	SKPI-PX200226-1	DATE: 2020/3/1
TRADE TERM:	CIP SHENZHEN	
COUNTRY OF ORIGIN:	KOREA	

MARKS&NOS.	BRAND	DESCRIPTION OF GOODS	MODEL/SPECIFICATION	QTY	UNIT	NO. OF PACKAGES		GROSS WEIGHT (KGS)	NET WEIGHT (KGS)
NO MARKS	SKCK	聚酰亚胺薄膜	50um*1545mm	10127.63	KGS	10	WOODEN PALLETS	12626	10127.63
					TOTAL:	10	WOODEN PALLETS	12626	10127.63

进境口岸：蛇口OCT码头

图 2-28　装箱单

中华人民共和国海关进口货物报关单

预录入编号：　　　　　海关编号：　　　　　页码/页数：

境内收货人	进境关别		进口日期		申报日期	备案号
境外发货人	运输方式		运输工具名称及航次号		提运单号	货物存放地点
消费使用单位	监管方式		征免性质		许可证号	启运港
合同协议号	贸易国(地区)		启运国(地区)		经停港	入境口岸
包装种类	件数	毛重(千克)	净重(千克)	成交方式	运费	保费	杂费

随附单证及编号

标记唛码及备注

项号	商品编号	商品名称及规格型号	数量及单位	单价/总价/币制	原产国(地区)	最终目的国（地区）	境内目的地	征免

特殊关系确认：　　价格影响确认：　支付特许权使用费确认：　　自报自缴：

报关人员　报关人员证号　电话　　兹申明对以上内容承担如实申报、依法纳税之法律责任	海关批注及签章
申报单位	申报单位(签章)

图 2-29　报关单

十二、货物存放地点

(一) 含义

货物存放地点是指货物进境后存放的场所或地点，包括海关监管作业场所、分拨仓库、定点加工厂、隔离检疫场、企业自有仓库等。

(二) 填制规范

1. 进口报关单中，本栏目为必填项，出口报关单中，本栏目为选填项。

2. 没有相关代码表，填报货物存放地点的中文名称即可（如图 2-30 所示）。

中华人民共和国海关进口货物报关单

211081004728	（湘机场关）		仅供核对用			页码/页
进口日期 20210703		申报日期 20210707		备案号 D491621A0005		
运输工具名称及航次号 @2146049999522914		提运单号 27271912083_NEU11867951		货物存放地点 长沙机场货站		
征免性质 （501） 加工设备		许可证号		启运港 （USA309） 纽约（美国）		
启运国（地区） （USA） 美国		经停港 （USA309） 纽约（美国）		入境口岸 （430003） 长沙黄花国际机场货场		
净重（千克） 371	成交方式 （1） CIF	运费		保费		杂费

图 2-30 货物存放地点

（三）信息来源

货物进境后存放地点，可使用港口、船代、货代的网络公示信息或电话查询，包括运输工具进境后的卸货地点，该票货物进境后分拨、堆存的海关监管堆场、仓库名称等信息。

十三、消费使用单位/生产销售单位

（一）含义

消费使用单位是指进口货物在境内最终消费、使用的单位。

生产销售单位是指出口货物在境内生产或销售的单位。

（二）填制规范

1. 消费使用单位填报已知的进口货物在境内的最终消费、使用单位的名称，包括：

（1）自行进口货物的单位。

（2）委托进出口企业进口货物的单位。

2. 生产销售单位填报出口货物在境内的生产或销售单位的名称（如图 2-31、图2-32所示），包括：

XXXXXX有限公司（十八位信用代码XXXXXXXXXXXXXXXXXX，海关十位代码XXXXXXXXXX）委托某报关公司从盐田港(大鹏海关）申报出口"XXX"一批，产品为家用，境外品牌(其他)，加热原理：电能转化热能，境内货源地：佛山其他

中华人民共和国海关出口货物报关单

预录入编号：		海关编号：	
境内发货人	出境关别	出口日期	
境外收货人	运输方式	运输工具名称及航次号	
生产销售单位	监管方式	征免性质	
合同协议号	贸易国（地区）	运抵国（地区）	
包装种类	件数	毛重(千克)	净重（千克）	成交方式
随附单证及编号			

图 2-31 生产销售单位

图 2-32　生产销售单位

（1）自行出口货物的单位。

（2）委托进出口企业出口货物的单位。

（3）免税品经营单位经营出口退税国产商品的，填报该免税品经营单位统一管理的免税店。

3. 减免税货物报关单的消费使用单位/生产销售单位应与征免税证明的"减免税申请人"一致；保税监管场所与境外之间的进出境货物，消费使用单位/生产销售单位填报保税监管场所的名称［保税物流中心（B 型）填报中心内企业名称］。

4. 海关特殊监管区域的消费使用单位/生产销售单位填报区域内经营企业（"加工单位"或"仓库"）。

5. 编码填报要求：

（1）填报 18 位法人和其他组织统一社会信用代码。

（2）无 18 位统一社会信用代码的，填报"NO"。

6. 进口货物在境内的最终消费或使用，以及出口货物在境内的生产或销售的对象为自然人的，填报身份证号、护照号、台胞证号等有效证件号码及姓名。

（三）信息来源

消费使用单位/生产销售单位属于与货物成交相关的信息，报关人员需要与委托单位确认消费使用单位/生产销售单位的中文全称或代码。

十四、监管方式

(一) 含义

监管方式是以国际贸易中进出口货物的交易方式为基础，结合海关对进出口货物的征税、统计及监管条件综合设定的海关对进出口货物的管理方式。其代码由 4 位数字构成，前 2 位是按照海关监管要求和计算机管理需要划分的分类代码，后 2 位是参照国际标准编制的贸易方式代码。

(二) 填制规范

根据实际对外贸易情况按海关规定的"监管方式代码表"选择填报相应的监管方式简称及代码。一份报关单只允许填报一种监管方式。

1. 一般贸易 (0110)。

本监管方式适用范围：

(1) 以正常交易方式成交的进出口货物；

(2) 贷款援助的进出口货物；

(3) 外商投资企业为加工内销产品而进口的料件

(4) 外商投资企业用国产原材料加工成品出口或采购产品出口；

(5) 供应外国籍船舶、飞机等运输工具的国产燃料、物料及零配件；

(6) 保税仓库进口供应给我国籍国际航行运输工具使用的燃料、物料等保税货物；

(7) 境内企业在境外投资以实物投资进出口的设备、物资；

(8) 来料养殖、来料种植进出口货物；

(9) 国有公益性收藏单位通过合法途径从境外购入的藏品。

2. 来料加工贸易 (0214)。

本监管方式适用范围：

(1) 来料加工项下进口的料件和加工出口的成品；

(2) 设立保税工厂的加工贸易企业来料加工进口料件和出口成品。

3. 进料加工贸易。

进料对口 (0615) 　进料非对口 (0715)

以上监管方式适用范围：

(1) 进料加工项下进口料件和加工出口产品；

(2) 设立保税工厂的加工贸易企业进料加工进口料件和出口成品。

4. 加工贸易深加工结转。

来料深加工 (0255) 　进料深加工 (0654)

以上监管方式适用范围：

(1) 非海关特殊监管区域加工贸易经营企业之间来料、进料深加工货物结转；

(2) 非海关特殊监管区域加工贸易经营企业转自海关特殊监管区域加工贸易经营企业加工的货物。

5. 加工贸易料件复出。

来料料件复出 (0265) 　进料料件复出 (0664) 　来料边角料复出 (0865)

进料边角料复出（0864）

以上监管方式适用范围：

（1）来料加工、进料加工进口的保税料件因品质规格等原因退运，以及加工过程中产生的剩余料件、边角料、废料退运出境；

（2）经营企业因加工贸易出口产品售后服务需要，申请出口加工贸易手册项下进口的保税料件。

6. 加工贸易货物退换。

来料料件退换（0300）　　进料料件退换（0700）　　来料成品退换（4400）

进料成品退换（4600）

7. 加工贸易保税货物内销。

来料料件内销（0245）　　进料料件内销（0644）　　来料成品转减免（0345）

进料成品转减免（0744）　　来料边角料内销（0845）　　进料边角料内销（0844）

以上监管方式适用范围：

边角料、剩余料件、残次品、副产品和受灾保税货物。

（1）边角料，是指加工贸易企业经营来料加工、进料加工业务，在海关核定的单耗内、加工过程中产生的、无法再用于加工该合同项下出口制成品的数量合理的废、碎及下脚料件；

（2）剩余料件，是指加工贸易企业在经营业务过程中剩余的、可以继续用于加工制成品的加工贸易进口料件；

（3）残次品，是指加工贸易企业经营来料加工、进料加工业务，在生产过程中产生的有严重缺陷或者达不到出口合同标准，无法复出口的制品（包括完成品和未完成品）；

（4）副产品，是指加工贸易企业经营来料加工、进料加工业务，在加工生产出口合同规定的成品（主产品）过程中同时产生的，且出口合同未规定应当复出口的一个或者一个以上的其他产品；

（5）受灾保税货物，是指加工贸易企业经营业务过程中，因不可抗力原因或者其他经海关审核认可的正当理由造成灭失、短少、损毁等导致无法复出口的保税进口料件和制品。

8. 加工贸易进口设备（0420）。

不作价设备（0320）　　加工设备内销（0446）　　加工设备退运（0466）

9. 加工贸易余料结转、加工贸易货物销毁、不作价设备结转。

余料结转

来料余料结转（0258）　　进料余料结转（0657）

加工贸易货物销毁

料件销毁（0200）　　边角料销毁（0400）　　进料边角料内销（0844）

来料边角料内销（0845）　　加工贸易设备结转（0456）

10. 监管年限内减免税设备结转。

减免设备结转（0500）　　加工设备结转（0456）

11. 保税区间及保税仓库间货物结转。

保税间货物（1200）　　出口加工区成品进出区（5100）　　料件进出区（5000）

12. 保税仓库进出境仓储、转口货物。

保税仓库货物（1233）

本监管方式适用范围：

经批准设立的保税仓库进出境和出口监管仓库的出境货物，包括从保税仓库提取用于外国籍国际航行运输工具的物料。

13. 保税区进出境仓储、转口货物。

保税区仓储转口（1234）

14. 外商投资企业进口设备、物品。

（1）投资总额内进口设备、物品

合资合作设备（2025）　　外资设备物品（2225）

（2）投资总额外自有资金免税进口设备

一般贸易（0110）

（3）减免税设备结转（0500）

15. 退运进出口货物（4561）。

本监管方式适用于以下货物的退运出、进境：一般贸易（0110）、易货贸易（0130）、旅游购物商品（0139）、租赁贸易（1523）、寄售代销（1616）、合资合作设备（2025）、外资设备物品（2225）、外汇免税商品（1831）、货样广告品（3010）、其他进出口免费（3339）、承包工程进口（3410）、承包工程出口（3422）、无偿援助（3511）、捐赠物资（3612）、边境小额（4019）、其他贸易（9739）。

16. 进出境修理物品（1300）。

本监管方式适用范围：

各类进出境维修的货物，以及修理货物维修所用的原材料、零部件。

17. 租赁贸易。

租赁不满一年（1500）

租赁征税（9800）

本监管方式适用范围：

（1）租赁期在一年及以上的进出口货物，其监管方式代码为"1523"，简称"租赁贸易"；

（2）租赁期在一年及以上的进出口货物分期办理征税手续时，每期征税适用监管方式代码为"9800"，简称"租赁征税"；

（3）租赁期不满一年的进出口货物，其监管方式代码为"1500"，简称"租赁不满一年"。

18. 暂时进出境货物（2600）。

本监管方式适用范围：

（1）文化、体育交流活动中使用的表演、比赛用品；

（2）进行新闻报道或者摄制电影、电视节目使用的仪器、设备及用品；

（3）开展科研、教学、医疗活动使用的仪器、设备及用品；

（4）在第（1）项至第（3）项所列活动中使用的交通工具及特种车辆；

（5）货样；

（6）慈善活动使用的仪器、设备及用品；

（7）供安装、调试、检测、修理设备时使用的仪器及工具；

（8）盛装货物的容器；

（9）旅游用自驾交通工具及用品；

（10）工程施工中使用的设备、仪器及其用品；

（11）海关批准的其他暂时进出境货物。

19. 进出境展览品（2700）。

本监管方式适用范围：

（1）在展览会、交易会、会议及类似清活动中展示或者使用的货物，包括为了示范展览会展出机器或者器具所使用的货物；设置临时展1台的建筑材料及装饰材料；宣传展示货物的电影片、幻灯片、录像带、录音带、说明书、广告、光盘、显示器材等；

（2）上述所列活动中使用的交通工具及特种车辆；

（3）其他经海关批准用于展示的进出境货物、物品。

20. 进出口货样、广告品（3010）。

21. 无代价抵偿进出口货物。

无代价抵偿（3100）

22. 其他免费提供的进出口货物。

其他进出口免费（3339）

本监管方式范围包括：

（1）外商在经贸活动中赠送的物品；

（2）外国人捐赠品；

（3）驻外中资机构向国内单位赠送的物资；

（4）经贸活动中，由外商免费提供的试车材料、消耗性物品等。

23. 对外承包工程进出口物资。

对外承包出口（3422）

对外承包进口（3410）

24. 国家或国际组织无偿援助和赠送的物资。

无偿援助（3511）

25. 进出口捐赠物资。

捐赠物资（3612）

26. 特许权使用费后续征税（9500）。

27. 跨境电商出口。

跨境电商B2B直接出口（9710）　　跨境电商出口海外仓（9810）

【填制示例及解析】

示例如图 2-33 所示。

【货物信息】

香港经销商免费提供给我司一批锂电池(英国产)，无需支付货款。货物由深港运输公司承运，于2020年6月9日经广东省深圳市皇岗陆运口岸（皇岗海关)入境，存放于工厂仓库。

运输工具：汽车　　载运清单号：1100355438612　　运单号：86312

运输方式	
监管方式	
贸易国(地区)	

图 2-33　监管方式

应根据实际对外贸易情况，按海关规定的"监管方式代码表"选择填报相应的监管方式简称及代码。由货物信息可知该批货物为香港经销商免费提供，其相对应的监管方式为"其他进出口免费（3339）"。

（三）信息来源

1. 了解进出口货物的用途、流向。在确定国际贸易项下货物所适用的监管方式前，报关人员要充分了解贸易双方交易的背景及货物的最终流向和用途。例如，通关货物的资金流、生产后成品流向、与其他进出口贸易合同是否存在关联关系等（如图 2-34 所示）。

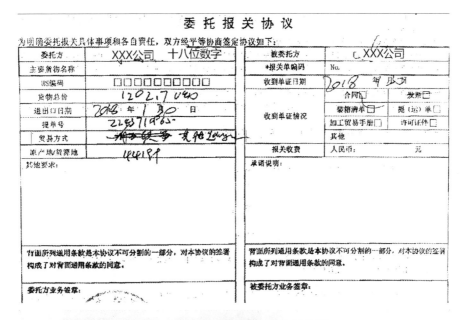

图 2-34　监管方式

2. 结合监管方式的含义判断。监管方式属于与海关管理相关的信息，报关人员需要了解不同监管方式的内涵和使用范围，在报关前与委托单位进行沟通，最终确认监管方式。

十五、征免性质

（一）含义

征免性质是指海关根据《海关法》《中华人民共和国进出口关税条例》（简称《关税条例》）及国家有关政策对进出口货物实施征、减、免税管理的性质类别。征免性质是海关对进出口货物征、减、免税进行分类统计分析的重要基础。

（二）填制规范

根据实际情况按海关规定的"征免性质代码表"选择填报相应的征免性质简称及代码，持有海关核发的征免税证明的，应按照征免税证明中批注的征免性质填报。一份报关单只允许填报一种征免性质。

1. 一般征税。

一般征税（101），适用于依照《海关法》《关税条例》《中华人民共和国进出口税则》（简称《税则》）及其他法律、行政法规和规章所规定的税率征收进出口关税、进口环节增值税、消费税和其他税费的进出口货物，包括除其他征免性质另有规定者外的一般照章（包括按照公开暂定税率、关税配额、反倾销、反补贴、保障措施等）征税或补税的进出口货物。

2. 加工设备（501），适用于加工贸易经营单位按照有关减免税政策进口的外商免费（既不需要经营单位付汇，也不需要耗用加工费或差价偿还）提供的加工生产所需设备。

3. 来料加工（502），适用于来料加工装配项下进口所需的料件等，以及经加工后出口的成品、半成品。

4. 进料加工（503），适用于为生产外销产品用外汇购买进口的料件，以及加工后返销出口的成品、半成品。

5. 中外合资（601），目前一般适用于中外合资企业自产的出口产品。

6. 中外合作（602），目前一般适用于中外合作企业自产的出口产品。

7. 外资企业（603），目前一般适用于外资企业自产的出口产品。

8. 鼓励项目（789），适用于 1998 年 1 月 1 日后经主管部门审批并确认的国家鼓励发展的国有投资项目、外商投资项目、利用外国政府贷款和国际金融组织贷款项目，以及从 1999 年 9 月 1 日起，按国家规定程序审批的外商投资研究开发中心及中西部省、自治区、直辖市利用外资优势产业和优势项目目录的项目，在投资总额内进口的自用设备，以及按合同随设备进口的技术及数量合理的配套件、备件。

9. 自有资金（799），适用于设立的鼓励类外商投资企业（外国投资者的投资比例不低于 25%），以及符合中西部利用外资优势产业和优势项目目录的项目，在投资总额以外利用自有资金（包括企业储备基金、发展基金、折旧和税后利润），在原批准的生产经营范围内进口国内不能生产或性能不能满足需要的（即不属于《国内投资项目不予免税的进口商品目录》的）自用设备及其配套的技术、配件、备件，用于本企业原有设备更新（不包括成套设备和生产线）或维修。

"鼓励项目"和"自有资金"的使用，须依程序取得海关核发的征免税证明并与"征免性质"栏批注内容相符。

10. 其他法定（299），适用于依照《海关法》《关税条例》，对除无偿援助进出口物资外的其他实行法定减免税的进出口货物，以及根据有关规定非按全额货值征税的部分进出口货物。具体适用范围如下：

（1）无代价抵偿进出口货物（照章征税的除外）；

（2）货样广告品；

（3）进出境运输工具装载的途中必需的燃料、物料和饮食用品；

（4）因故退还的境外进口货物；

（5）因故退还的我国出口货物；

（6）在境外运输途中或者在起卸时遭受损坏或损失的货物；

（7）起卸后海关放行前，因不可抗力遭受损坏或者损失的货物；

（8）因不可抗力因素造成的受灾保税货物；

（9）海关查验时已经破漏、损坏或者腐烂，经证明不是保管不慎造成的货物；

（10）我国缔结或者参加的国际条约规定减征、免征关税的货物和物品；

（11）暂准进出境货物；

（12）展览会货物；

（13）出料加工项下的出口料件及复进口的成品；

（14）进出境的修理物品；

（15）租赁期不满一年的进出口货物；

（16）边民互市进出境货物；

（17）非按全额货值征税的进出口货物（如按租金、修理费征税的进口货物）；

（18）其他不按征免税证明管理的减免税货物。

【填制示例及解析】

填制示例如图 2-35 所示。

中华人民共和国海关出口货物报关单

预录入编号：		海关编号：			页码/页数：	
填内发货人 XXX公司	出境关别 皇岗海关	出口日期	申报日期 20180204	备案号		
境外收货人 XXX公司 十八位数字	运输方式 公路运输	运输工具名称及航次号	提运单号			
生产销售单位： XXX公司 十八位数字	监管方式 其他进出口免费	征免性质 一般征税（101）	许可证号			
合同协议号	贸易国（地区） X国（XXX）	运抵国（地区） X国（XXX）	指运港 X港（X国）（XXX）	离境口岸		
包装种类 纸箱	件数 1	毛重（千克）	净重（千克）	成交方式 FOB	运费	保费	杂费
随附单证及编号						
标记唛码及备注						

图 2-35 征免性质

征免性质是根据监管方式的内容进行填报的，两个栏目之间具有逻辑关系。如监管方式为其他进出口免费的，意思是无需收付汇，需要正常交税，所以征免性质就是"一般征税"。

（三）信息来源

报关单的监管方式（贸易方式）与征免性质的填报，反映了进出口货物适用的报关程序，两个栏目存在相对应的逻辑关系。

1. 对以一般贸易成交，并确认按一般进出口通关制度报关（征税）的货物，其对应关系为：

监管方式：一般贸易。

征免性质：一般征税。

2. 对来料加工或进料加工进出口货物，并确认按保税通关制度报关（保税）的，其对应关系为：

监管方式：来料加工/进料对口。

征免性质：来料加工/进料加工。

3. 对来料/进料深加工结转货物，并确认按保税通关制度报关（保税）的，其对应关系为：

监管方式：来料深加工/进料深加工。

征免性质：空。

4. 对外商投资企业在投资额度内进口设备/物品，并已确认按特定减免税通关制度报关（免税）的，其对应关系为：

监管方式：合资合作设备/外资设备物品。

征免性质：鼓励项目。

5. 对外商投资企业在投资额度外利用自有资金进口设备/物品，并已确认按照特定减免税通关制度报关（免税）的，其对应关系为：

监管方式：一般贸易。

征免性质：自有资金。

十六、许可证号

（一）含义

许可证号是指商务部配额许可证事务局、驻各地特派员办事处，以及各省、自治区、直辖市、计划单列市和商务部授权的其他省会城市商务厅（局）、外经贸委（厅、局）签发的进出口许可证编号。

（二）填制规范

1. 填报以下许可证的编号：进（出）口许可证、两用物项和技术进（出）口许可证、两用物项和技术出口许可证（定向）、纺织品临时出口许可证、出口许可证（加工贸易）、出口许可证（边境小额贸易）。

2. 免税品经营单位经营出口退税国产商品的，免予填报。非许可证管理商品，此栏目为空。

3. 一份报关单只允许填报一个许可证号。

【填制示例及解析】

填制示例如图 2-36 所示。

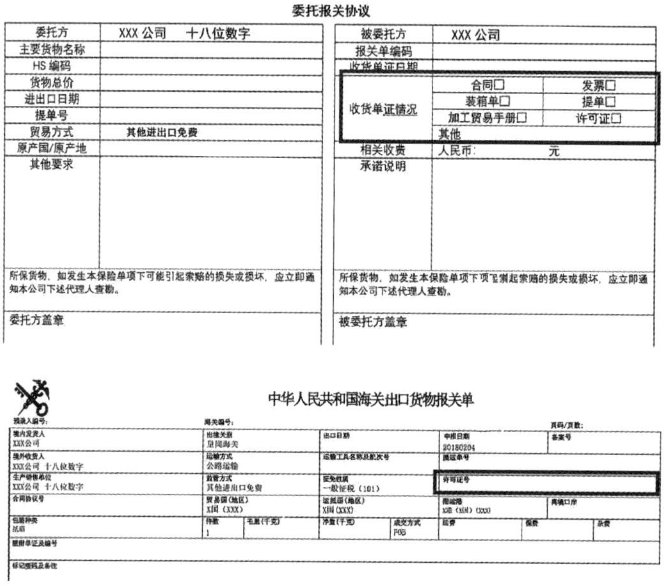

图 2-36　许可证号

通过委托报关协议合同查看是否需要许可证件，如果有，填上许可证件具体编号。

本栏目填报以下许可证的编号：进（出）口许可证、两用物项和技术进（出）口许可证、两用物项和技术出口许可证（定向）、纺织品临时出口许可证、出口许可证（加工贸易）、出口许可证（边境小额贸易）。

非许可证管理商品，此栏目为空。

（三）信息来源

报关人员需要确认所报关的商品编码涉及的监管条件，以及进出口贸易管制要求。如果涉及许可证管理，办理许可证后，按照办理的许可证编号，填报本栏目。

任务三　综合练习（1）

请根据给出的背景资料，根据已学内容填制空白报关单。

背景资料

深圳市×××进出口贸易有限公司以一般贸易的监管方式从深圳皇岗陆运口岸出口一批不锈钢支架。

主管海关：皇岗海关

运输工具：汽车

载货清单：5100264432322　运单编号：ZCX82111

商品品名：不锈钢支架

品牌：无品牌

用途：工业用

材质：不锈钢

种类：支架

加工方法：切割，进一步加工：折弯

功能：固定、支撑，

工作原理：通过支架的固定支撑作用来固定放大器的位置

原产国：中国

最终目的地：巴西

境内货源地：深圳特区

已提供文件为订购合同、发票、装箱单，分别如图2-37、图2-38、图2-39所示。

请根据上述资料进行报关单填制（如图2-40所示）。

订 购 合 同
PURCHASE CONTRACT

卖方(SELLER):深圳市XXX进出口贸易有限公司
深圳市南山区物流园区物流大厦

合同号（C/NO.）：ZCX094073
签约日期（Date）：2020-03-03
地点：　SHENZHEN,CHINA

买方(BUYER): ZCX ASIA PACIFIC PRIVATE LIMITED

兹经买卖双方同意按照以下的条款由买方购进卖方售出以下商品:

This contract is made by and between the Buyer and the Seller: whereby the Buyers agree to buy and the
agree to sell the under-mentioned goods subject to the terms and conditions as stipulated bereinafter:

(1) 商品名称及规格(Name of commodity and Specification):

Iterm NO.	H.S CODE NO.	DESCRIPTION	QTY. (个)	UNIT PRC	AMT.(USD)
1	7326901900	不锈钢支架	1	26.56	26.56
2					
3					
4					
5					
TOTAL:					26.56

(2) 价格条件(Price condition)：FOB 深圳

(3) 包装(Packing):　　　CARTONS

(4) 生产国家及制造厂商(Country of Origin & Manufacturer): CHINA

(5) 付款条件(Terms of Payment): T/T

(6) 保险(Insurance):　To be covered by the BUYERS

(7) 装运时间(Time of Shipment): BEFORE 2020-08-02

(8) 装运口岸(Port of Loading): 皇岗

(9) 目的口岸(Port of Destination): 巴西

(10) 装运唛头[Shipping Mark(s)]: BY SELLER'S OPTION

每件货物上应列明到货口岸、件号、每件毛重及净重、尺码及上列唛头（如系危险及/或有毒货物，应按惯例在每件货物
上明显列出有关标记及性质说明）。

(11) 其他条款：本合同以中文及英文两种文字说明，两种文字的条款具有同等效力。

(12) 附加条款（本合同其他任何条款如与本附加条款有抵触时，以本附加条款为准双方都认可的有关电传、电报等书面材
料也可构成本条款的一部分。）

Supplementary Condition(s) (Should any other clause in this Contract.be in conflice with the following
Condition (s),the Supplementary Condition (s) should be taken as final and binding.,Fax, cable and other papers,
which both parties agreed, will constitute part of this clause)

买方　　　　　　　　　　　　　　　　　　　　　　　　卖方
THE BUYERS　　　　　　　　　　　　　　　　　　　THE SELLERS

图 2-37　订购合同

SHENZHEN XXX Import & Export Trade CO.,LTD

Nanshan District, Shenzhen TEL:86-0755-82070000 FAX: 86-0755-82080000

发 票
INVOICE

To Messrs:

ZCX ASIA PACIFIC PRIVATE LIMITED

Date: 2020-03-03

Invoice No.: ZCX094073

Tel: Fax:

Payment term: T/T   Price condition: FOB 深圳

From: 深圳   To: 巴西

Iterm	DESCRIPTION	MODEL NO.	QTY. (个)	UNIT PRC	AMT.(USD)
1	不锈钢支架		1	26.56	26.56
2					
3					
4					
5					
TOTAL			1		26.56

图 2-38 发票

SHENZHEN XXX Import & Export Trade CO.,LTD

Nanshan District, Shenzhen TEL:86-0755-82070000 FAX: 86-0755-82080000

装箱单
PACKING LIST

PL No.: ZCX094073

Date: 2020-03-03

Page: 1

DESCRIPTION	QTY. (个)	PACKAGE Carton	G.W (KGS)	N.W (KGS)	Container No.
不锈钢支架	1	1	0.5410	0.3670	
TOTAL:	1	1	0.5410	0.3670	

图 2-39 装箱单

中华人民共和国海关出口货物报关单

预录入编号：		海关编号：		页码/页数：	
境内发货人	出境关别	出口日期	申报日期	备案号	
境外收货人	运输方式	运输工具名称及航次号	提运单号		
生产销售单位	监管方式	征免性质	许可证号		
合同协议号	贸易国(地区)	运抵国(地区)	指运港	离境口岸	
包装种类	件数	毛重(千克)	净重(千克)	成交方式	运费	保费	杂费

随附单证及编号

标记唛码及备注

项号	商品编号	商品名称及规格型号	数量及单位	单价/总价/币制	原产国(地区)	最终目的国(地区)	境内货源地	征免

特殊关系确认：	价格影响确认：	支付特许权使用费确认：	自报自缴：	
报关人员 报关人员证号 电话		兹申明对以上内容承担如实申报、依法纳税之法律责任	海关批注及签章	
申报单位		申报单位(签章)		

图 2-40 报关单

任务三 综合练习（2）

请根据给出的背景资料，根据已学内容填制空白报关单。

背景资料

岳阳市安联进出口贸易有限公司，信用代码：91430600434L283152，海关十位代码：4306940331，从盐田港（大鹏海关）进口高密度复合木地板一批，货物进境后存放 YICT 码头，送往湖南省岳阳市，境内目的地：岳阳，用于国内销售。双方无特殊关系，货物无特许权使用费：该产品是境外品牌（其他），包装有 IPPC 标识：产品经盖面处理湿法制高温高压压制而成，非辐射松制，密度有：0.89893g/cm³、0.89438g/cm³、0.89734g/cm³。

已提供文件为合同、装箱单、发票，分别如图 2-41、图 2-42、图 2-43 所示。请根据上述信息进行报关单填报（如图 2-44 所示）。

CONTRACT

CONTRACT NO.： EGLV56020783 　　　　　　　　　　　DATE:　　　　　2020/2/15

SELLER:　　KCOMOFLOORING GMBH
　　　　　　KOCOM 4412-2, 34THFLOOR AIA TOUER,
　　　　　　454 ELECTRIC ROAD, NORTH POINT GERMANY
TEL:　　　 28765412
BUYER:　　 Yueyang Anlian import and export trade Co., Ltd.
　　　　　　8 / F, world trade building, Yueyang City

The undersigned Sellers and Buyers have confirmed this contract in accordance with the terms and conditions stipulated below:

NO.	BRAND	DESCRIPTION OF GOODS	MODEL/SPECIFICATION	QTY	UNIT	USD	USD	REMARKS
1	Kcomo Original	高密度复合木地板	2000×242×12mm	1450.06	平方米	8	11600.48	

TOTAL PRICES:　　　　　　　　　　　　　　　　　　　USD 11600.48
PACKAGE:　　　　　　　　　Natural wood pallet
PORT OF DEPARTURE:　　　　Germany
TERMS OF PAYMENT:　　　　 T/T
MEANS OF TRANSPORTATION:　SEA transport
TRADE TERM:　　　　　　　　CIF SHENZHEN
PLACE OF DELIVERY:　　　　 Hamburg

BUYER:　　Yueyang Anlian import and export trade Co., Ltd.　　　SELLER:　　KCOMOFLOORING GMBH

图 2-41　合同

PACKING LIST

ISSUER:　　KCOMOFLOORING GMBH
　　　　　　KOCOM 4412-2, 34THFLOOR AIA TOUER,
　　　　　　454 ELECTRIC ROAD, NORTH POINT GERMANY

TEL:
INVOICE NO:　　　EGLV56020783　　　　　　　　　DATE:　　　　2020/2/15

TRADE TERM:　　　CIF SHENZHEN

COUNTRY OF ORIGIN:　　GERMANY

MARKS&NOS.	BRAND	DESCRIPTION OF GOODS	MODEL/SPECIFICATION	QTY	UNIT	NO. OF PACKAGES		GROSS WEIGHT (KGS)	NET WEIGHT(KGS)
NO MARKS	Kcomo Original	高密度复合木地板	2000×242×12mm	1450.06	平方米	21	Natural wood pallet	15760	15340
					TOTAL:	21	Natural wood pallet	15760	15340

进境口岸：大鹏海关YICT码头

图 2-42　装箱单

COMMERCIAL INVOICE

ISSUER:	KCOMOFLOORING GMBH KOCOM 4412-2, 34THFLOOR AIA TOWER, 454 ELECTRIC ROAD, NORTH POINT GERMANY	
TEL:	28765412	
CONSIGNEE:	Yueyang Anlian import and export trade Co., Ltd. 8 / F, world trade building, Yueyang City	

Freight:		Insurance:	
INVOICE NO:	EGLV56020783	DATE:	2020/2/15
TRADE TERM:	CIF SHENZHEN		
COUNTRY OF ORIGIN:	GERMANY		

MARKS&NOS.	BRAND	DESCRIPTION OF GOODS	MODEL/SPECIFICATION	QTY	UNIT	UNITY PRICE USD	TOTAL PRICES USD	H.S CODE
	Kcomo Original	高密度复合木地板	2000×242×12mm	1450.06	平方米	8	11600.48	4411929000

TOTAL: USD 11600.48

AUTHORIZED SIGNATURE

图 2-43 发票

中华人民共和国海关进口货物报关单

预录入编号:		海关编号:		页码/页数:	
境内收货人	进境关别	进口日期	申报日期	备案号	
境外发货人	运输方式	运输工具名称及航次号	提运单号	货物存放地点	
消费使用单位	监管方式	征免性质	许可证号	启运港	
合同协议号	贸易国(地区)	启运国(地区)	经停港	入境口岸	
包装种类	件数	毛重(千克)	净重(千克)	成交方式	运费	保费	杂费
随附单证及编号					
标记唛码及备注					

项号	商品编号	商品名称及规格型号	数量及单位	单价/总价/币制	原产国(地区)	最终目的国(地区)	境内目的地	征免

特殊关系确认:	价格影响确认:	支付特许权使用费确认:	自报自缴:	
报关人员 报关人员证号 电话	兹申明对以上内容承担如实申报、依法纳税之法律责任		海关批注及签章
申报单位	申报单位(签章)		

图 2-44 报关单

十七、启运港

（一）含义

启运港是指进口货物在运抵我国关境前的第一个境外装运港。

（二）填制规范

1. 根据实际情况，按海关规定的"港口代码表"填报相应的港口名称及代码，未在"港口代码表"列明的，填报相应的国家名称及代码。

2. 货物从海关特殊监管区域或保税监管场所运至境内区外的，填报"港口代码表"中相应海关特殊监管区域或保税监管场所的名称及代码，未在"港口代码表"中列明的，填报"未列出的特殊监管区"及代码。

3. 其他无实际进境的货物，填报"中国境内"及代码。

（三）信息来源

启运港属于与运输相关的信息，可以通过提运单、船公司或航空公司查询平台等确认信息（如图 2-45 所示）。

(6) Insurance：　To be covered by the BUYERS
(7) Time of Shipment：BEFORE 2020-07-20
(8) Port of Loading　　HongKong
(9) Port of Destination：China

货物存放地点
启运港
入境口岸

图 2-45　启运港

1. 直接运抵货物。

提运单上的"Port of Loading"通常为进口货物的启运港。

2. 在第三国（地区）中转的货物。

进口货物提货单上"Port of Loading"可能是中转港，报关人员需要与船代确认第一个境外装运港。

例如，某企业从马来西亚进口货物，从基隆启运，经停新加坡，本栏应填报基隆。

十八、合同协议号

（一）含义

合同协议号是指进出口货物合同（包括协议或订单）的编号。

（二）填制规范

1. 填报进出口货物合同（包括协议或订单）编号（如图2-46所示）。进出口货物报关单所申报货物必须是在合同中明确包含的货物。

销售合同

合同协议号：
XX198765432

日期 DATE: 2020/3/29

买卖双方经协商同意按以下条款成交：

The undersigned Seller and Buyer have agreed to conclude the following transactions according to the terms and conditions set forth as below.

中华人民共和国海关出口货物报关单

预录入编号：			海关编号：	
境内发货人		出境关别		出口日期
境外收货人		运输方式		运输工具名称及航次号
生产销售单位		监管方式		征免性质
合同协议号		贸易国（地区）		运抵国（地区）
包装种类		件数	毛重（千克）	净重（千克）	成交方式
随附单证及编号				

图2-46　合同协议号

2. 未发生商业性交易的免予填报。免税品经营单位经营出口退税国产商品的，免予填报。

（三）信息来源

合同协议号为与货物成交相关的信息，合同协议号一般表示为"C/N No. ×××××" 或 "S/C No. ×××××" 或 "Contract No. ×××××"，报关人员可以按照收发货人提供的合同（包括协议或订单）的编号填报本栏目（如图2-47所示）。

购销合同

SALES CONTRACT

买方：AAA 公司

地址：X 市 X 街

电话(TEL)：xxxxxxxxxxx

卖方：XXX 公司

地址：X 市 X 街

电话（TEL)：xxxxxxxxxxxx

传真(FAX ）：xxxxxxxxxxxxx

合同号码：XXXXXXXX

签约地点：X 市

签约日期：2018-1-20

中华人民共和国海关出口货物报关单

预录入编号：　　　　　　　　　　　　　　　　海关编号：

境内发货人		出境关别		出口日期		
境外收货人		运输方式		运输工具名称及航次号		
生产销售单位		监管方式		征免性质		
合同协议号		贸易国(地区)		运抵国(地区)		
包装种类		件数	毛重(千克)	净重(千克)	成交方式	
随附单证及编号						

图 2-47　合同协议号

十九、贸易国（地区）

（一）含义

贸易国（地区）是指对外贸易中与境内企业签订贸易合同的外方所属的国家（地区）。

（二）填制规范

1. 发生商业性交易的，进口填报购自国（地区），出口填报售予国（地区）（如图 2-48、图 2-49 所示）。

购销合同

SALES CONTRACT

买方：AAA 公司　　　　　　合同号码：XXXXXXX

地址：X 市 X 街　　　　　　签约地点：X 市

电话(TEL)：xxxxxxxxxxx　　签约日期：2018-1-20

卖方：XXX 公司

地址：X 市 X 街

电 话（TEL）：xxxxxxxxxxx

传真(FAX)：xxxxxxxxxxxxx

中华人民共和国海关出口货物报关单

海关编号：

出境关别		出口日期		申报日期	
运输方式		运输工具名称及航次号		提运单号	
监管方式		征免性质		许可证号	
贸易国(地区)		运抵国(地区)		指运港	
件数	毛重(千克)	净重(千克)	成交方式	运费	保费

图 2-48　贸易国（地区）

中华人民共和国海关出口货物报关单

海关编号：

出境关别		出口日期		申报日期	
运输方式		运输工具名称及航次号		提运单号	
监管方式		征免性质		许可证号	
贸易国(地区)		运抵国(地区)		指运港	
件数	毛重(千克)	净重(千克)	成交方式	运费	保费

卖家：XXXXXX有限公司

Address:XXX Avenue, XXX District, XXX City

Buyers:

XXXXXX.Ltd.

Address:Room XXX, XXX centre, XXX street, Hongkong

销售合同

合同协议号：

XX198765432

日期 DATE: 2020/3/29

买卖双方经协商同意按以下条款成交：

The undersigned Seller and Buyer have agreed to conclude the following transactions according to the terms and conditions set forth as below.

图 2-49　贸易国（地区）

2. 未发生商业性交易的，填报货物所有权拥有者所属的国家（地区）。

3. 按海关规定的"国别（地区）代码表"选择填报相应的贸易国（地区）中文名称及代码。

（三）信息来源

贸易国（地区）属于与货物成交相关的信息，可以通过以下单证进行查找。

1. 查询合同、发票单证中，与境内收发货人发生商业性交易的一方所属国家（地区）。

2. 查询收、付汇记录中，收发货人收、付汇的对象所属国家（地区），但收、付汇记录一般在进出口货物通关后产生。双方在货物进出口后，依据约定账期收、付汇。虽然无法在进出口货物报关单申报前获得收付汇记录，但是可以与委托单位沟通确认收、付汇方。

未发生商业性交易的，填报货物所有权拥有者所属的国家（地区）。贸易国（地区）不一定与货物启运国（地区）或运抵国（地区）一致。因此，该栏目需要报关人员与委托单位确认后填报。

二十、启运国（地区）/运抵国（地区）

（一）含义

启运国（地区）是指进口货物起始发出直接运抵我国或者在运输中转国（地区）未发生任何商业性交易的情况下运抵我国的国家（地区）。

运抵国（地区）是指出口货物离开我国关境直接运抵或者在运输中转国（地区）未发生任何商业性交易的情况下最后运抵的国家（地区）。

（二）填制规范

1. 启运国（地区）填报进口货物起始发出直接运抵我国或者在运输中转国（地区）未发生任何商业性交易的情况下运抵我国的国家（地区）（如图 2-50 所示）。

```
(7) Time of Shipment : BEFORE 2020-07-20
(8) Port of Loading :  HongKong
(9) Port of Destination : China
(10) Shipping Mark(s) : BY SELLER'S OPTION
Supplementary Condition(s) (Should any other clause in this Contract.
```

征免性质		许可证号		启运港
启运国(地区)		经停港		入境口岸
净重(千克)	成交方式	运费	保费	

图 2-50 启运国（地区）

2. 运抵国（地区）填报出口货物离开我国关境直接运抵或者在运输中转国（地区）未发生任何商业性交易的情况下最后运抵的国家（地区）。

3. 不经过第三国（地区）转运的直接运输进出口货物，以进口货物的装货港所在国（地区）为启运国（地区），以出口货物的指运港所在国（地区）为运抵国（地区）。

4. 经过第三国（地区）转运的进出口货物，启运国（地区）或运抵国（地区）分两种不同情况填报。

（1）发生运输中转而未发生任何买卖关系的货物，其启运国（地区）或运抵国（地区）不变，仍以进口货物的始发国（地区）为启运国（地区）填报，以出口货物的最终目的国（地区）为运抵国（地区）填报。

（2）发生运输中转并发生了商业性交易（买卖关系）的货物，其中转地为启运国（地区）或运抵国（地区），可通过发票等商业单证来判断货物中转时是否发生了买卖关系。

5. 非实际进出境货物。运输方式代码为"0""1""7""8""W""X""Z""H"的，以及监管方式后 2 位为 42~46、54~58 的货物，启运国（地区）和运抵国（地区）均为"中国"（CHN）。

6. 按海关规定的"国别（地区）代码表"选择填报相应的启运国（地区）或运抵国（地区）中文名称及代码。

【填制示例及解析】

填制示例如图 2-51 所示。

装箱单
PACKING LIST

致 TO:
　　XXXXXX. Ltd.

日期 DATE : 2020/3/26

发票编号 INVOICE NO. :
XX198765432

合同号 CONTRACT NO. :
XX198765432

付款条件 TERMS OF DELIVERY:　FOB SHENZHEN

TRANSPORT DETAILS: SEA FREIGHT COLLECT, FROM YANTIAN, CHINA TO KOBE, JAPAN

中华人民共和国海关出口货物报关单

海关编号：

出境关别			出口日期			申报日期	
运输方式			运输工具名称及航次号			提运单号	
监管方式			征免性质			许可证号	
贸易国(地区)			运抵国(地区)			指运港	
件数	毛重(千克)		净重(千克)	成交方式		运费	保费

图 2-51　运抵国（地区）

本栏目可在示例的装箱单中找到，由装箱单文字信息"TRANSPORT DETAILS：SEA FREIGHT COLLECT，FROM YANTIAN，CHINA TO KOBE，JAPAN"可知，该批货物由中国盐田港运至日本神户港，货物在出口运输中未发生中转，为直接运抵货物。所以示例出口报关单中"运抵国（地区）"栏目填报"日本（JPN）"。

（三）信息来源

启运国（地区）/运抵国（地区）属于与运输相关的信息，可以通过以下单证查找填报。

1. 提运单信息。

提运单列明有货物的启运国（地区）或运抵国（地区）信息。

2. 发票或合同等。

发票、合同中有启运国（地区）或运抵国（地区）的描述。

二十一、经停港/指运港

（一）含义

经停港是指进口货物在运抵我国关境前的最后一个境外装运港。

指运港是指出口货物运往境外的最终目的港。

（二）填制规范

1. 经停港填报进口货物在运抵我国关境前的最后一个境外装运港。

2. 指运港填报出口货物运往境外的最终目的港；最终目的港不可预知的，按尽可能预知的目的港填报。

3. 根据实际情况，按海关规定的"港口代码表"选择填报相应的港口名称及代码。经停港/指运港在"港口代码表"中无港口名称及代码的，可选择填报相应的国家（地区）名称及代码。

4. 无实际进出境的货物，填报"中国境内"及代码。

【填制示例及解析】

填制示例如图 2-52 所示。

图 2-52　指运港

本栏目可在示例的装箱单中找到，指运港填报出口货物运往境外的最终目的港。由报关单信息可知本案例货物为直接运抵货物，由装箱单文字信息"TRANSPORT DE-TAILS：SEA FREIGHT COLLECT，FROM YANTIAN，CHINA TO KOBE，JAPAN"可知货物由中国盐田港直接运至日本神户港，无中转港，所以示例中，目的港即为指运港。故示例出口报关单中"指运港"栏目填报"神户（日本）（JPN213）"。

（三）信息来源

经停港/指运港属于与运输相关的信息，可以通过提运单、提货单、船公司或航空公司查询平台等确认信息。

1. 直接运抵货物。

进出口货物的运输未发生中转时，提运单上的"Port of Loading"或"Port of De-parture"，都列明了经停港/指运港信息。

2. 在第三国（地区）中转的货物。

进出口货物在运输中发生中转，但无法确定其最后一个中转港口时，报关人员可以通过船公司和航空公司的货物查询平台，在相关网站上查询货物的启运港、中转港及目的港的全程信息。

3. 指运港信息确认。

报关人员需要与发货人确认最终目的港，或根据代理公司提供的装货单、委托信息等填报本栏目。

任务四　综合实训（1）

请根据给出的背景资料，根据已学内容填制空白报关单。

背景资料

天津联港电子进出口有限公司，信用代码为911201167548294489，海关十位代码为1210960677，从深圳盐田港（大鹏海关）出口一批货物，境内货源地：深圳特区。

商品名称	商品编码	品牌类型	出口享惠情况	层数	是否装有机械元件或电气元件
空白二层柔性线路板	85340090	无	不享惠	2层	否
是否带元器件	**品牌**	**用途**			
否	无	汽车电子			

已提供文件为发票、装箱单、出口合同，分别如图2-53、图2-54、图2-55所示。请根据上述资料进行报关单填报（如图2-56所示）。

INVOICE

SOLD TO：Huashang Electronics（Hong Kong）Co.，Ltd.

ADD：　　Room 1005Mui 1006，10／F，Block B,

　　　　 Fo Tan au Pui Wan Street，Hong Kong

ATTN：　KIN

TEL：　（852）26872188

FAX：　（852）26880319

PER：　BY SEA

INVOICE NO.：　HK225320020002

INVOICE DATE：　2020/2/5

CURRENCY：　USD

PRICE TERM：　FOB SHENZHEN

PAYMENT：　月结90天

SAILING ON OR：2020/2/5

ITEM	PO NO.	DESCRIPTION	数量（PCS）	单价（USD）	总金额（USD）
1	4501697539	空白二层柔性线路板/6203B001TA100 无品牌/2层	3225	1.4278	4604.66
2	4501702957	空白二层柔性线路板/6203B002TA100 无品牌/2层	17714	1.4278	25292.05
3	4501709280	空白二层柔性线路板/6203B003TA100 无品牌/2层	5737	1.4278	8191.29
4	4501714653	空白二层柔性线路板/6203B004TA100 无品牌/2层	8496	1.4278	12130.59
	TOTAL：		35172		50218.59

图2-53　发票

PACKING LIST

SOLD TO：Huashang Electronics（Hong Kong）Co.，Ltd.　　INVOICE NO.：HK225320020002

ADD：　　Room 1005Mui 1006，10／F，Block B，Fo　　INVOICE DATE：2020/2/5

　　　　Tan au Pui Wan Street，Hong Kong

ATTN：　KIN　　　　　　　　　　　　　　　　　CURRENCY：USD

TEL：　　（852）26872188　　　　　　　　　　PRICE TERM：FOB　深圳

FAX：　　（852）26880319　　　　　　　　　　PAYMENT：月结 90 天

PER：　　BY SEA

PLT NO.	DESCRIPTION	总数量（PCS）	净重（KG）	毛重（KG）	件数
1	空白二层柔性线路板/6203B001TA100 无品牌/2 层	3225	14.93	65.85	8
2	空白二层柔性线路板/6203B002TA100 无品牌/2 层	17714	82.00	339.25	39
3	空白二层柔性线路板/6203B003TA100 无品牌/2 层	5737	26.56	112.25	13
4	空白二层柔性线路板/6203B004TA100 无品牌/2 层	8496	39.33	159.60	18
	TOTAL：	35172	162.82	676.95	78

拼柜

图 2-54　装箱单

出口合同

日期：2020/2/5　　　　　　　　　　　号码：HK225320020002

卖方：天津联港电子进出口有限公司　　　买方：Huashang Electronics（Hong Kong）Co.，Ltd.

　　　Tianjin LIANGANG electronic import and　地址：Room 1005Mui 1006，10／F，Block B，

　　　Export Co.，Ltd.　　　　　　　　　　　　Fo Tan au Pui Wan Street，Hong Kong

地址：No. 8，Weiqi Road，Tianjin　　　　TEL：（852）26872188

　　　Microelectronics Industrial Park　　　FAX：（852）26880319

兹合同双方在自愿的基础上，根据以下条款达成合同如下：

1. 卖方向买方销售如下成品：

图 2-55　出口合同

NO.	品名与税号	数量 （PCS）	单位 （Unit）	单价 （USD）	总金额 （USD）
1	空白二层柔性线路板/6203B001TA100 无品牌/2层	3225	块	1.4278	4604.66
2	空白二层柔性线路板/6203B002TA100 无品牌/2层	17714	块	1.4278	25292.05
3	空白二层柔性线路板/6203B003TA100 无品牌/2层	5737	块	1.4278	8191.29
4	空白二层柔性线路板/6203B004TA100 无品牌/2层	8496	块	1.4278	12130.59
	TOTAL：	35172			50218.59

2. Package：Carton

3. 装运港：深圳盐田

Loading port：shenzhen yantian

4. Delivery time：2020/2/27

5. 目的港：Sydney（Australia）

Port of destination：Sydney（Australia）

6. 付款方式：T/T

Payment ：T/T

仲裁：凡因执行本合同所发生的或与本合同有关的一切争议，由双方协商解决。如协商无法解决，应提交中国国际贸易促进委员会。中国国际贸易促进委员会会根据该会仲裁程序暂行规则进行仲裁，仲裁裁决是终局的，对双方均有约束力。

Arbitration：all disputes arising from the execution of or in connection with this contract shall be settled by both parties through consultation. If the dispute cannot be settled through negotiation, it shall be submitted to China Council for the promotion of International Trade. The Foreign Trade Arbitration Commission of China Council for the Promotion of International Trade shall conduct arbitration in accordance with its provisional rules of arbitration procedure, and the arbitration award shall be final and binding on both parties.

其他：

Buyer（signature）：   Seller（signature）：

图 2-55 出口合同（续）

中华人民共和国海关出口货物报关单

预录入编号：　　　　　　　　海关编号：　　　　　　　页码/页数：

境内发货人	出境关别		出口日期		申报日期	备案号
境外收货人	运输方式		运输工具名称及航次号		提运单号	
生产销售单位	监管方式		征免性质		许可证号	
合同协议号	贸易国(地区)		运抵国(地区)		指运港	离境口岸
包装种类	件数	毛重(千克)	净重(千克)	成交方式	运费	保费	杂费

随附单证及编号

标记唛码及备注

项号	商品编号	商品名称及规格型号	数量及单位	单价/总价/币制	原产国(地区)	最终目的国(地区)	境内货源地	征免

特殊关系确认：　价格影响确认：　支付特许权使用费确认：　　自报自缴：

报关人员　报关人员证号　电话	兹申明对以上内容承担如实申报、依法纳税之法律责任	海关批注及签章
申报单位	申报单位(签章)	

图 2-56　报关单

任务四　综合实训（2）

请根据给出的背景资料，根据已学内容填制空白报关单。

背景资料

岳阳市迅猛进出口贸易有限公司，信用代码：91430600MA4L2M3122，海关十位代码：4306960420，货物以公路运输从皇岗海关进口，货物进境后存放于企业自有仓库，送往武汉市江岸区，境内目的地：武汉其他，用于国内销售。双方无特殊关系，货物无特许权使用费。1车6单，该产品是境外品牌（其他），通信设备用，通过一种复杂且高度集成的微型电路，实现功率放大功能，产品是已蚀刻且未切割、未封装的集成电路原片，量产，未切割，无引脚，每片晶圆可切割成 17188 颗 集成电路。尺寸：8

英寸。

已给出的文件为合同、发票、装箱单，分别如图 2-57、图 2-58、图 2-59 所示。请根据上述信息进行报关单填报（如图 2-60 所示）。

CONTRACT

CONTRACT NO. : 2020HS0101DL01　　　　　　DATE:　　　　　2020/3/5

SELLER:　SHEL-NIBE MANUFACTURING COMPANY LIMITED
UNITS 3401-2, 34THFLOOR AIA TOUER,
183 ELECTRIC ROAD, NORTH POINT HONGKONG
TEL:　(852)35280291
BUYER:　Yueyang swift import and export trade Co., Ltd.
No.9 Dongmaoling Road, Yueyang City
TEL:　0755-26029019

The undersigned Sellers and Buyers have confirmed this contract in accordance with the terms and conditions stipulated below:

NO.	BRAND	DESCRIPTION OF GOODS	MODEL/SPECIFICATION	QTY	UNIT	USD	USD	REMARKS
1	SA	集成电路裸片（功率放大功能）	Hi3D51V101LD	55	个	72.24	3973.2	

TOTAL PRICES:　　　　　　　　　　　　　　　　USD 3973.2
PACKAGE:　Cartons
PORT OF DEPARTURE:　HongKong
TERMS OF PAYMENT:　T/T
MEANS OF TRANSPORTATION:　Road transport
TRADE TERM:　FCA HongKong
PLACE OF DELIVERY:　HongKong

BUYER:　Yueyang swift import and export trade Co., Ltd.　　　SELLER:　SHEL-NIBE MANUFACTURING COMPANY LIMITED

图 2-57　合同

COMMERCIAL INVOICE

ISSUER:　SHEL-NIBE MANUFACTURING COMPANY LIMITED
UNITS 3401-2, 34THFLOOR AIA TOUER,
183 ELECTRIC ROAD, NORTH POINT HONGKONG
TEL:　(852)35280291
CONSIGNEE:　Yueyang swift import and export trade Co., Ltd.
No.9 Dongmaoling Road, Yueyang City

Freight:　USD1.66　　　　　　　　　　　Insurance:　USD3.83
INVOICE NO.:　2020HS0101DL01　　　　　　DATE:　2020/3/5
TRADE TERM:　FCA HONGKONG
COUNTRY OF ORIGIN:　FRANCE

MARKS&NOS.	BRAND	DESCRIPTION OF GOODS	MODEL/SPECIFICATION	QTY	UNIT	UNITY PRICE USD	TOTAL PRICES USD	H.S CODE
	SA	集成电路裸片（功率放大功能）	Hi3D51V101LD	55	个	72.24	3973.2	8542339000

TOTAL:　　　　　　　　　USD 3973.2

AUTHORIZED SIGNATURE

图 2-58　发票

PACKING LIST

ISSUER: SHEL-NIBE MANUFACTURING COMPANY LIMITED
UNITS 3401-2, 34THFLOOR AIA TOUER,
183 ELECTRIC ROAD, NORTH POINT HONGKONG
TEL: (852)35290291
CONSIGNEE:
Yueyang swift import and export trade Co., Ltd.
No.9 Dongmaoling Road, Yueyang City

TEL: 0755-26029019
INVOICE NO.: 2020HS0101DL01   DATE: 2020/3/5
TRADE TERM: FCA HONGKONG
COUNTRY OF ORIGIN: FRANCE

MARKS&NOS.	BRAND	DESCRIPTION OF GOODS	MODEL/SPECIFICATION	QTY	UNIT	NO. OF PACKAGES	GROSS WEIGHT (KGS)	NET WEIGHT (KGS)
NO MARKS	SA	集成电路裸片（功率放大功能）	H13D51V101LD	55	个	2 Cartons	9.42	0.1
					TOTAL:	2 Cartons	9.42	0.1

进出境口岸：盐河口岸

图 2-59　装箱单

中华人民共和国海关进口货物报关单

预录入编号：　　　　　　　海关编号：　　　　　　页码/页数：

境内收货人	进境关别		进口日期		申报日期	备案号
境外发货人	运输方式		运输工具名称及航次号		提运单号	货物存放地点
消费使用单位	监管方式		征免性质		许可证号	启运港
合同协议号	贸易国(地区)		启运国(地区)		经停港	入境口岸
包装种类	件数	毛重(千克)	净重(千克)	成交方式	运费	保费	杂费

随附单证及编号

标记唛码及备注

项号	商品编号	商品名称及规格型号	数量及单位	单价/总价/币制	原产国(地区)	最终目的国(地区)	境内目的地	征免

特殊关系确认：　价格影响确认：　支付特许权使用费确认：　自报自缴：

报关人员　报关人员证号　电话	兹申明对以上内容承担如实申报、依法纳税之法律责任	海关批注及签章
申报单位	申报单位(签章)	

图 2-60　报关单

二十二、入境口岸/离境口岸

(一) 含义

入境口岸是指进境货物从跨境运输工具卸离的第一个境内口岸。

离境口岸是指装运出境货物的跨境运输工具离境的第一个境内口岸。

(二) 填制规范

1. 入境口岸。

(1) 填报进境货物从跨境运输工具卸离的第一个境内口岸的中文名称及代码。

(2) 采取多式联运跨境运输的，填报多式联运货物最终卸离的境内口岸中文名称及代码。

(3) 过境货物填报货物进入境内的第一个口岸的中文名称及代码。

(4) 从海关特殊监管区域或保税监管场所进境的，填报海关特殊监管区域或保税监管场所的中文名称及代码。

(5) 其他无实际进境的货物，填报货物所在地的城市名称及代码。

2. 离境口岸。

(1) 填报装运出境货物的跨境运输工具离境的第一个境内口岸的中文名称及代码。

(2) 采取多式联运跨境运输的，填报多式联运货物最初离境的境内口岸中文名称及代码。

(3) 过境货物填报货物离境的第一个境内口岸的中文名称及代码。

(4) 从海关特殊监管区域或保税监管场所离境的，填报海关特殊监管区域或保税监管场所的中文名称及代码。

(5) 其他无实际出境的货物，填报货物所在地的城市名称及代码。

3. 入境口岸/离境口岸类型包括港口、码头、机场、机场货运通道、边境口岸、火车站、车辆装卸点、车检场、陆路港、坐落在口岸的海关特殊监管区域等。按海关规定的"国内口岸编码表"选择填报相应的境内口岸名称及代码（如图 2-61、图 2-62 所示）。

香港经销商免费提供给我司一批锂电池（英国产），无需支付货款。

货物由深港运输公司承运，于2020年6月9日经广东省深圳市皇岗陆运口岸

（皇岗海关）入境，存放于工厂仓库。

运输工具：汽车 载货清单号：1100355438612 运单号： 86312

	启运港	
	入境口岸	
保费		杂费

图 2-61   入境口岸

中华人民共和国海关出口货物报关单

企业留存联

标录入编号：531420180146079400		海关编号：531420180146079400			
收发货人 XXX公司		离境口岸(5301) 皇岗海关	出口日期		申报日期 20180204
生产销售单位 XXX公司	十八位数字	运输方式(4) 公路运输	运输工具名称 /5100419236611		提运单号 2243710965
申报单位 XXX公司	十八位数字	监管方式 (3339) 其他进出口免费	征免性质 (101) 一般征税		备案号
贸易国(地区) (XXX) X国		运抵国(地区) (XXX) X国	指运港 X港（X国）		境内货源地 (44199) 东莞
许可证号	成交方式(3) FOB	运费		保费	杂费
合同协议号 18012001	件数 1	包装种类 (2) 纸箱		毛重(千克) 182	净重(千克) 158
集装箱号	随附单证				

图 2-62   离境口岸

（三）信息来源

入境口岸/离境口岸类型包括港口、码头、机场、机场货运通道、边境口岸、火车站、车辆装卸点、车检场、陆路港、坐落在口岸的海关特殊监管区域等。

二十三、包装种类

（一）含义

包装种类是指进出口货物的所有包装材料，包括运输包装材料和其他包装材料。运输包装指提运单所列货物件数单位对应的包装，其他包装包括货物的各类包装，以及植物性铺垫材料等。

（二）填制规范

1. 根据进出口货物的实际外包装种类和材质，按海关规定的"包装种类代码表"选择填报相应的包装种类名称及代码。

2. 根据检验检疫需求，需填报"所有包装材料，包括运输包装和其他包装"。

（三）信息来源

包装种类中运输包装、其他包装的准确填报（如图2-63、图2-64所示），需要报关人员关注以下信息。

TOTAL:

（2）Price condition： EXW HONGKONG

（3）Packing：CARTON

（4）Country of Origin & Manufacturer：UK.

（5）Terms of Payment：NO NEED

（6）Insurance： To be covered by the BUYERS

（7）Time of Shipment：BEFORE 2020-07-20

（8）Port of Loading： HongKong

合同协议号		贸易国(地区)	
包装种类		件数	毛重(千克)
随附单证及编号			
标记唛码及备注			

图2-63　包装种类一

件数：1件	包装种类：纸箱		毛重：173KG	净重：158KG
品名规格	数量	单位	单价USD	总价USD
黄铜/带/卷材/铜70.63%铁0.017%铅0.0017%锌29.35%/厚＞0.15MM/宽＜300MM；无品牌；C2680/享受情况：享受优惠关税	158	千克	7.612	1202.70
合计：	158			1203

中华人民共和国海关出口货物报关单

企业留存联

预录入编号：531420180146079400　　　海关编号：531420180146079400

收发货人 XXX公司	离境口岸(5301) 皇岗海关	出口日期	申报日期 20180204
生产销售单位 XXX公司 十八位数字	运输方式(4) 公路运输	运输工具名称 /510041923661	提运单号 2243710965
申报单位 XXX公司 十八位数字	监管方式 (3339) 其他进出口免费	征免性质 (101) 一般征税	备案号
贸易国(地区) (XXX) X国	运抵国(地区) (XXX) X国	指运港 X港 (X国)	境内货源地 (44199) 东莞
许可证号	成交方式(3) FOB	运费	保费	杂费
合同协议号 18012001	件数 1	包装种类(2) 纸箱	毛重(千克) 182	净重(千克) 158
集装箱号	随附单证			

图2-64　包装种类二

1. 与委托单位确认货物的运输包装是否含有动植物性包装，必须如实申报。

2. 确认进出口货物是否存在"其他包装"，并确认其材质，"其他包装"栏目为选填栏目，当其他包装为动植物性包装物时，必须填报。

3. 一般情况下，其他包装不用于直接包装货物，而运输包装与货物件数相关联。集装箱内未使用其他材料加固或铺垫的，"其他包装"栏目不需填报。

4. 其他包装的货物，按照包装种类和材质，分为纸箱（Cartons）、桶（Drums/Casks）、袋（Bags）、包（Bales）、捆（Bundles）、卷（Rolls）、托盘（Pallet）、散装（Bulk）等。

二十四、件数

（一）含义

件数是指进出口货物运输包装的实际件数。

（二）填制规范

填报进出口货物运输包装的件数（按运输包装计）。特殊情况填报要求如下。

1. 舱单件数为集装箱的，填报集装箱个数。

2. 舱单件数为托盘的，填报托盘数。

不得填报为"0"，裸装货物填报为"1"。

（三）信息来源

件数属于与运输相关的信息，报关人员可以通过以下方式查找（如图 2-65 所示）。

图 2-65　件数

1. 提运单、装箱单都会注明货物运输包装件数。按照"两个相符"的原则，提运单、装箱单上的件数应该相同。

2. 报关单件数的填报数据要与舱单件数相同。报关人员可以使用海关总署新舱单信息查询系统，查询、核对件数。

二十五、毛重（千克）

（一）含义

毛重是指进出口货物及其包装材料的总重量之和。

（二）填制规范

1. 填报进出口货物及其包装材料的重量之和，计量单位为千克，毛重应大于等于1，不足1千克的填报为"1"（如图 2-66 所示）。

		毛重 1.38		净重　 0.80	
数量		重量			备注
单位		净重	毛重		纸箱
千个 KPCS		0.80	1.38		1

指运港			境内货源地（44199）东莞
	保费		杂费
		毛重（千克）1.38	净重（千克）1

图 2-66　毛重（千克）

2. 本栏目不得为空。

3. 监管方式特许权使用费后续征税（代码 9500），毛重填报"1"。

【填制示例及解析】

填制示例如图 2-67 所示。

PACKING LIST

致 TO:
XXXXXX. Ltd.

日期 DATE : 2020/3/26
发票编号 INVOICE NO.：
XX198765432

合同号 CONTRACT NO.：
XX198765432

付款条件 TERMS OF DELIVERY： FOB
SHENZHEN

TRANSPORT DETAILS: SEA FREIGHT COLLECT,   FROM YANTIAN, CHINA
TO   KOBE, JAPAN

货物描述 DESCRIPTION	总数（箱）CTNS	总数量（个）QUANTITY	总毛重 G.W.（KG）	总净重 N.W.（KG）	HS CODE
XXX	1150	4600	15215.00	11454.00	XXXXXXXXXX
合计 TOTAL	1150	4600	15215.00	11454.00	

中华人民共和国海关出口货物报关单

海关编号：

出境关别		出口日期		申报日期	
运输方式		运输工具名称及航次号		提运单号	
监管方式		征免性质		许可证号	
贸易国（地区）		运抵国（地区）		指运港	
件数	毛重（千克）	净重（千克）	成交方式	运费	保费

图 2-67 毛重（千克）

本栏目可在示例的装箱单中找到，由装箱单货物信息可知，示例货物毛重为15215.00 千克，所以示例出口报关单中"毛重（千克）"栏目应填报"15215.00"。

（三）信息来源

毛重属于与运输、货物成交相关的信息。报关人可以通过以下方式查找。

1. 在合同、发票、提运单、装箱单等单证中"Gross Weight（缩写 G. W.）"所显示的重量为进出口货物的毛重。按照"两个相符"的原则，提运单、装箱单上的毛重数量应该相同。

2. 报关单毛重填报数据必须与舱单系统相同，报关人员可以使用海关总署新舱单信息查询系统，查询、核对毛重。

3. 报关单中毛重填报要求与舱单系统中重量相同，报关人员可以使用海关总署舱单信息查询系统，查询、核对毛重。

二十六、净重（千克）

（一）含义

净重是指进出口货物毛重减去外包装材料后的重量。

（二）填制规范

1. 填报进出口货物的总毛重减去外包装材料后的总重量，即货物本身的实际重量，计量单位为千克，净重应大于等于1，不足1千克的填报为"1"（如图2-68所示）。

	毛重 1.38		净重 0.80
数量	重量		备注
单位	净重	毛重	纸箱
千个 KPCS	0.80	1.38	1

指运港		境内货源地（44199）东莞
	保费	杂费
	毛重（千克）1.38	净重（千克）1

图 2-68 净重（千克）

2. 本栏目填报进出口货物实际净重，不得为空。

3. 以毛重做净重计价的，可填毛重，如矿砂、粮食等大宗散货或裸装的钢管、钢板等。按照国际惯例，作公量重计价的货物，如未脱脂羊毛、羊毛条等，填报公量重。

4. 监管方式特许权使用费后续征税（代码9500），净重填报"1"。

【填制示例及解析】

填制示例如图2-69所示。

PACKING LIST

致 TO:

XXXXXX. Ltd.

日期 DATE：2020/3/26

发票编号 INVOICE NO.：

XX198765432

合同号 CONTRACT NO.：

XX198765432

付款条件 TERMS OF DELIVERY： FOB SHENZHEN

TRANSPORT DETAILS: SEA FREIGHT COLLECT, FROM YANTIAN, CHINA
TO KOBE, JAPAN

货物描述 DESCRIPTION	总数(箱) CTNS	总数量(个) QUANTITY	总毛重 G.W. (KG)	总净重 N.W. (KG)	HS CODE
XXX	1150	4600	15215.00	11454.00	XXXXXXXXXX
合计 TOTAL	1150	4600	15215.00	11454.00	

中华人民共和国海关出口货物报关单

海关编号：

出境关别		出口日期		申报日期	
运输方式		运输工具名称及航次号		提运单号	
监管方式		征免性质		许可证号	
贸易国(地区)		运抵国(地区)		指运港	
件数	毛重(千克)	净重(千克)	成交方式	运费	保费

图 2-69 净重（千克）

本栏目可在示例的装箱单中找到，由装箱单货物信息可知，示例货物净重为 11454.00 千克，所以示例中"净重（千克）"栏目应填报"11454.00"。

（三）信息来源

净重属于与货物成交相关的信息，在合同、发票、装箱单的"Net Weight"（缩写 N. W.）处体现。合同、发票等有关单证不能确定净重的货物，可以估重填报。

二十七、成交方式

（一）含义

成交方式是买卖双方就成交的商品在价格构成、责任、费用和风险的分担，以及货物所有权转移界限，以贸易术语（价格术语）进行的约定。

（二）填制规范

1. 海关"成交方式"与贸易术语对照。

在填报进出口货物报关单时，应依据进出口货物的实际成交价格条款（如图 2-70 所示），按照海关规定的"成交方式代码表"选择填报相应的成交方式代码（如表 2-3 所示）。

表 2-3　成交方式代码表

成交方式代码	成交方式名称	成交方式代码	成交方式名称
1	CIF	5	市场价
2	CFR（C&F/CNF）	6	垫仓
3	FOB	7	EXW
4	C&I		

应注意的是，海关规定的"成交方式"与《2020 年国际贸易术语解释通则》（简称《2020 通则》）中的贸易术语内涵并非完全一致。CIF、CFR、FOB 等常见的成交方式，并不限于水路，而适用于任何国际货物运输方式，主要体现成本、运费、保险费等成交价格构成因素。

《2020 通则》11 种贸易术语与报关单"成交方式"栏对应关系如表 2-4 所示。

表 2-4　《2020 通则》11 种贸易术语与报关单"成交方式"栏对应关系表

组别	E 组	F 组			C 组					D 组	
术语	EXW	FCA	FAS	FOB	CFR	CPT	CIF	CIP	DAP	DPU	DDP
成交方式	EXW	FOB			CFR		CIF				

《2010 通则》11 种贸易术语与报关单"成交方式"栏对应关系如表 2-5 所示。

表 2-5　《2010 通则》11 种贸易术语与报关单"成交方式"栏对应关系表

组别	E 组	F 组			C 组				D 组		
术语	EXW	FCA	FAS	FOB	CFR	CPT	CIF	CIP	DAT	DAP	DDP
成交方式	EXW	FOB			CFR		CIF				

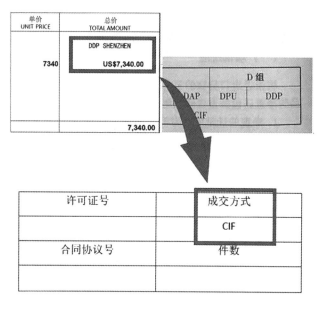

图 2-70 成交方式

2. 无实际进出境的货物，进口成交方式为 CIF 或其代码，出口成交方式为 FOB 或其代码。

【填制示例及解析】

填制示例如图 2-71 所示。

单价	总价	币制
15.8505	FOB 570.62	USD

中华人民共和国海关出口货物报关单

420180146312823 　　　　海关编号：531420180146

3) 18位数字 公司	出口口岸 (5301) 皇岗海关		出口日期
3) 18位数字 公司	运输方式(4) 公路运输	运输工具名称 /5100419426092	
3) 18位数字 限公司深圳分公司	监管方式 (0664) 进料料件复出		征免性质 (2 其他法定
	运抵国(地区) (330) 瑞典		指运港 (330) 瑞典
	成交方式 (3) FOB	运费	保费
	件数	包装种类(2) 纸箱	毛重(千克) 2

图 2-71 成交方式

在进出口贸易中，进出口商品的价格构成和买卖双方各自应承担的责任、费用和风险，以及货物所有权转移的界限，以贸易术语（价格术语）进行约定。故示例中"成交方式"栏目填报"FOB"。

（三）信息来源

成交方式属于货物成交相关的信息，在商业发票、合同等单证中可查找到相关信息。

如果商业发票等单证显示的成交方式不属于海关规定的"成交方式代码表"中的成交方式，报关人员需要依照实际成交价格构成因素进行换算，选择"成交方式代码表"中具有相同价格构成的代码填报。

任务五　综合实训（1）

请根据给出的背景资料，根据已学内容填制空白报关单。

背景资料

江苏深兴通讯进出口有限公司（信用代码：913205007615049339，海关十位代码：3205960325）以公路运输方式从深圳皇岗口岸（皇岗海关）出口"手机"一批，产品通讯用，蜂窝网络，品牌：Ixfinix，境内自主品牌，型号：B650，不加密，一电一充一数据线一耳机一保护套双卡双待单通带 FM、MP3、MP4、蓝牙、GPS GSM/WCDMA 制式，境内目的地：苏州其他。

已给出文件为销售合同、发票、装箱单，分别如图 2-72、图 2-73、图 2-74 所示。

请根据上述资料进行报关单填报（如图 2-75 所示）。

SALES CONTRACT

Sellers: Jiangsu Shenxing communication import and export Co., Ltd.

Address: 131 Jinshan Road, Suzhou City, Jiangsu Province

Contract No.: RLK-2020030702

Date: 2020/3/1

Signed at: SUZHOU

Buyers: TECNO REALLYTEK LIMITED

Address: 2035-2 Kowloon, honjo-shi, saitama jai hongkong

TEL: 59588715

Trade Term: FCA SHENZHEN

This contract is made out by the Sellers and Buyers as per the following terms and conditions mutuilly confirmed:

1.Name of commodity		2.Quantity	3.Unit	4.Unit Price	5.Amount
8517121090	手机	9780	台	62.14	USD 607729.20
				总 值 Total Amount:	USD 607729.20

数量及总值允许有 2 %的增减。
2 % more or less both in amount and quantity allowed.

(6)合同总值   总计美元：607729.20
Total Value in Word:

(7)包装   cartons
Packing:

(8)装运期
Time of Shipment: 2020年4月11日   之前

(9)装运口岸和目的地 shenzhen --- hongkong   准许分批与转船。
Loading Port & Destination:From shenzhen --- To hongkong with transhipment and partial ship ments allowed

(10)保险：由买方按发票全部金额110%投保至   为止的   险。按中国海洋运输货物保险条款受理。
Insurance:To be covered by the Buyer for 110% of full invoice value covering   up to   only, subject to C.I.C.

(11)付款条件
Terms of Payment: T/T

(12)装运标记
Shipping Marks: N/M

买 方
THE BUYERS
(Authorized Signature)

卖 方
THE SELLERS
(Authorized Signature)

图 2-72 销售合同

INVOICE

NO: RLK-2020030702-1

DATE: 2020/3/5

To Messrs: TECNO REALLYTEK LIMITED

成交方式：FCA SHENZHEN

Mark & No	Description	Quantity	Unit price	Amount
N/M	手机	9780 台	62.14	USD 607729.20
				TOTAL: USD 607729.20

Marks

图 2-73 发票

PACKING LIST

	Date:	2020/3/5
	Invoice No.:	RLK-2020030702-1
To Messrs: TECNO REALLYTEK LIMITED	Contract No.:	RLK-2020030702
由 shenzhen 至 hongkong	Terms of Payment:	FOB

箱号 Ctn. No.	货物名称及规格 Description	箱数: Pkg:	数量: Ge. Quantity:	毛重(KG): G. W. (KG):	净重(KG): N. W. (KG):
N/M	手机	489	9780 台	4607	3998.13
合计 Total		489	9780	4607	3998.13

唛头
Marks

图 2-74 装箱单

中华人民共和国海关出口货物报关单

预录入编号：		海关编号：		页码/页数：	
境内发货人	出境关别	出口日期	申报日期	备案号	
境外收货人	运输方式	运输工具名称及航次号	提运单号		
生产销售单位	监管方式	征免性质	许可证号		
合同协议号	贸易国(地区)	运抵国(地区)	指运港	离境口岸	
包装种类	件数	毛重(千克)	净重(千克)	成交方式	运费	保费	杂费

随附单证及编号
标记唛码及备注

项号	商品编号	商品名称及规格型号	数量及单位	单价/总价/币制	原产国(地区)	最终目的国（地区）	境内货源地	征免

特殊关系确认：	价格影响确认：	支付特许权使用费确认：	自报自缴：

报关人员 报关人员证号 电话	兹申明对以上内容承担如实申报、依法纳税之法律责任	海关批注及签章
申报单位	申报单位(签章)	

图 2-75　报关单

任务五　综合实训（2）

请根据给出的背景资料，根据已学内容填制空白报关单。

背景资料

岳阳市安联进出口贸易有限公司（信用代码：91430600434L283152，海关十位代码：4306940331），于 2019 年 9 月 15 日以公路运输方式从皇岗海关进口透镜一批，货物进境后存放于企业自有仓库，送往湖南省岳阳市，境内目的地：岳阳，用于国内销售。该产品为 PANASONIC 牌，境外品牌（其他），用于亚派牌光纤收发器件，已装配，EYLGMFB245R 型，金属+玻璃制功能：光束聚焦。双方无特殊关系，货物无特许权使用费。

已给出文件为采购合同、发票、装箱单，分别如图2-76、图2-77、图2-78所示。请根据上述资料进行报关单填报（如图2-79所示）。

PURCHASE CONTRACT

Contract NO.: ABM1912535/ABM1912409
Date: 2019.09.08

The Buyers: Yueyang Anlian import and export trade Co., Ltd.

Add: 8 / F, world trade building, Yueyang City

The Shipper: CYBER TECHNOLOGY (HK) CO., LIMITED
UNIT G,8/f.,Block 1,vigor industroal building Nos,49-53 Ta chuen Ping Street,Kwai Chung,n.t.,Hongkong
TEL: (852)27706898

This Contract is made by and between the Buyers and the Sellers;whereby the Buyers agree to buy and the Sellers agree to sell the undermentioned commodity according to the terms and conditions stipulated below;

1. 商品，规格，数量及价格：
COMMODITY, SPECIFICATIONS, QUANTITY AND PRICE:

商品名称 规格 NAME OF COMMODITY SPECIFICATIONS	数量 QUANTITY	单价 UNIT PRICE	总价 TOTAL AMOUNT
hs code:9002909090 optical lens	35,000 个	$ 0.69	FCA HONGKONG US$24,150.00
TOTAL:	**35,000 PCS**		**US$24,150.00**

2. 装运期限：
TIME OF SHIPMENT: 2019/09/15

3. 装船港：
Loading port : HONGKONG

4. 保险投保
INSURANCE: BUYER'S RESPONSIBILITY

5. 付款方式：
TERMS OF PAYMENT: BY T/T REMITTANCE
T/T/ 60 DAYS BASED ON B/L DAT

6. 目的地：
PORT OF DESTINATION: SHENZHEN

7. 唛头：
SHIPPING MARKS:

卖方：
THE SELLERS:

买方：
THE BUYERS:

图 2-76　采购合同

COMMERCIAL INVOICE

1. Shipper CYBER TECHNOLOGY (HK) CO., LIMITED UNIT G,8/f.,Block 1,vigor industroal building Nos,49-53 Ta chuen Ping Street,Kwai Chung,n.t.,Hongkong TEL: (852)27706898	6. No. & Date of Invoice INH181215005　　　　　　14-Sep-2019
	7. No. & date of L/C
2. Consignee Shenzhen Huashanglian Import and Export Trade Co.,Ltd. Room 818,Maritime Center,59 Linhai Avenue,Qianhai Shenzhen-Hongkong Cooperation Zone,Shenzhen TEL : 0755-26029019	8. L/C issuing bank
3. Notify Party SAME AS ABOVE	Remark 　　　　　　freight:　　rmb707 　　　　　　insurance:　rmb72.45

4. Port of Loading HONGKONG	5. Port of Destination SHENZHEN				
9. Marks & No. of Pkgs	10. Description of goods	11.Quantity/Unit		12. Unit Price	13. Amount
	BRAND:PANASONIC			**FCA HONGKONG**	
MODEL:EYLGMFB245R	optical lens	35,000	个	0.69	$24,150.00
country of origin: japan	TOTAL:	35,000	PCS		$24,150.00

图 2-77　发票

PACKING LIST

1. Shipper CYBER TECHNOLOGY (HK) CO., LIMITED UNIT G,8/f.,Block 1,vigor industroal building Nos,49-53 Ta chuen Ping Street,Kwai Chung,n.t.,Hongkong TEL: (852)27706898	6. No. & Date of Invoice INH181215005　　　　　　14-Sep-2019
2. Consignee Shenzhen Huashanglian Import and Export Trade Co.,Ltd. Room 818,Maritime Center,59 Linhai Avenue,Qianhai Shenzhen-Hongkong Cooperation Zone,Shenzhen TEL : 0755-26029019	7. No. & date of L/C
	8. L/C issuing bank
3. Notify Party SAME AS ABOVE	Remark

4. Port of Loading HONGKONG		5. Port of Destination SHENZHEN				
9.Marks	10.Pack Type	11.No	12.Description of goods	13.Quantity/Unit	14.N.weight	15.G.weight
EYLGMFB245R	carton	1	optical lens	35,000　个	8.20	9.00
			透镜（已装配）			
TOTAL:		1		35,000　PCS	8.20	9.00

图 2-78　装箱单

中华人民共和国海关进口货物报关单

预录入编号：		海关编号：			页码/页数：	
境内收货人	进境关别		进口日期		申报日期	备案号
境外发货人	运输方式		运输工具名称及航次号		提运单号	货物存放地点
消费使用单位	监管方式		征免性质		许可证号	启运港
合同协议号	贸易国(地区)		启运国(地区)		经停港	入境口岸
包装种类	件数	毛重(千克)	净重(千克)	成交方式	运费	保费 杂费
随附单证及编号						
标记唛码及备注						
项号 商品编号 商品名称及规格型号 数量及单位 单价/总价/币制 原产国(地区) 最终目的国(地区) 境内目的地 征免						
特殊关系确认： 价格影响确认： 支付特许权使用费确认： 自报自缴：						
报关人员 报关人员证号 电话 兹申明对以上内容承担如实申报、依法纳税之法律责任					海关批注及签章	
申报单位			申报单位(签章)			

图 2-79　报关单

二十八、运费

(一) 含义

运费是指进出口货物从始发地至目的地的国际运输所需要的各种费用。

(二) 填制规范

1. 填报进口货物运抵我国境内输入地点起卸前的运输费用，出口货物运至我国境内输出地点装载后的运输费用。

2. 运费可按运费单价、运费总价或运费费率三种方式之一填报，同时注明运费标记（运费标记"1"表示运费费率，"2"表示每吨货物的运费单价，"3"表示运费总价），并按海关规定的"货币代码表"选择填报相应的币种代码。

（1）申报运费费率，格式为1/运费费率。

（2）申报运费单价，格式为2/运费单价/币制代码。

（3）申报运费总价，格式为3/运费总价/币制代码。

3. 免税品经营单位经营出口退税国产商品的，免予填报。

【填制示例及解析】

四种基本贸易术语关系如表2-6所示，进口成交方式为FOB、FCA、EXW或出口成交方式为CIF、CFR、CPT、DDP的，应在本栏目填报运费，如出口成交方式为FOB，则出口报关单中该栏目免予填报。

表2-6　四种基本贸易术语关系表

组别	成交方式（构成）	成交方式【代码】	术语	到岸价[a]（进口）	离岸价[b]（出口）	备注
E组	EXW（工厂价）	【7】	EXW	运费+保费	—	
F组	FOB（成本）	【3】	FCA	运费+保费	—	
			FAS			
			FOB			
C组	CFR（成本+运费）	【2】	CFR	保费	运费	
			CPT			
	CIF（成本+运费+保费）	【1】	CIF	—	运费+保费	
			CIP			
			DAP			
D组			DPU			
			DDP			
[a]到岸价（进口）以CIF为标准，少了哪样填哪样						
[b]离岸价（出口）以FOB为标准，多了哪样填哪样						

（三）信息来源

运费属于与货物成交相关的信息，报关人员可采用以下方式确认。

1. 与委托单位确认运费金额。

2. 部分海运提单或航空运单会标注国际运费金额，或向船代公司、航空公司查询运费金额，但报关人员需要与收发货人进一步确认"进口货物运抵我国境内输入地点起卸前的运输费用，出口货物运至我国境内输出地点装载后的运输费用"，以保证运费申报准确。

3. 商业发票单证中的"Freight"栏目会体现运费。

二十九、保费

（一）含义

保费是指全部货物国际运输的保险费用。进口货物保费是指货物运抵我国境内输入地点起卸前的保险费用，出口货物保费是指货物运至我国境内输出地点装卸后的保险费用。

（二）填制规范

1. 填报进口货物运抵我国境内输入地点起卸前的保险费用，出口货物运至我国境内输出地点装载后的保险费用。

2. 保费可按保险费总价或保险费费率两种方式之一填报，同时注明保险费标记（保险费标记"1"表示保险费费率，"3"表示保险费总价），并按海关规定的"货币代码表"选择填报相应的币种代码。

3. 免税品经营单位经营出口退税国产商品的，免予填报。

【填制示例及解析】

进出口货物报关单所列的保费是指进出口货物在国际运输过程中，由被保险人付给保险人的保险费用。运费、保费栏目填制与成交方式栏目有很强的逻辑关系，如表2-7所示。

表2-7　成交方式、运费和保费的逻辑关系

	成交方式	运费	保费
进口	FOB	填	填
	CFR	不填	填
	CIF	不填	不填
出口	FOB	不填	不填
	CFR	填	不填
	CIF	填	填

1. 成交方式与保费填报的逻辑关系。

进口货物成交价格包含前述保险费用或者出口货物成交价格不包含前述保险费用的，本栏目免予填报。进口货物成交价格不包含保险费的和出口货物成交价格含有保险费的，应在本栏目填报保费。

2. 保费总额、费率的填报要求。

陆运、空运和海运进口货物的保费，按照实际支付的费用计算。进口货物保费无法确定或者未实际发生的，按货价加运费的3‰计算保费，计算公式为：

保费 =（货价+运费）×3‰

运保费合并计算的，运保费填报在"运费"栏目中，本栏目免予填报。

（三）信息来源

保费属于与货物成交相关的信息，报关人员可采用以下方式确认。

1. 按照收发货人提供的保险单，确认保费金额。

2. 无法确认准确保费的，可以按照公式计算保费或按3‰比率填报保费。

3. 商业发票单证中"Insurance"栏目会体现保费。

三十、杂费

（一）含义

杂费是指成交价格以外的，按照《关税条例》相关规定应计入完税价格或应从完税价格中扣除的费用。

（二）填制规范

1. 可按杂费总价或杂费费率两种方式之一填报，同时注明杂费标记（杂费标记"1"表示杂费费率，"3"表示杂费总价），并按海关规定的"货币代码表"选择填报相应的币种代码。

2. 应计入完税价格的杂费填报为正值或正率，应从完税价格中扣除的杂费填报为负值或负率。无杂费时，本栏免填，如表2-8所示。

表2-8 运费、保费、杂费填写列表

项目	运费率　1	单价　2	总价　3
运费	5%→1/5	USD50→2/50/USD	HKD5000→3/5000/HKD
保费	0.27→1/0.27	—	EUR5000→3/5000/EUR
杂费（计入）	1%→1/1	—	GBP5000→3/5000/GBP
杂费（扣除）	1%→1/1	—	JPY5000→3/−5000/JPY

3. 免税品经营单位经营出口退税国产商品的，免予填报。

（三）信息来源

杂费属于与货物成交相关的信息，需要报关人员与收发货人确认。在发票以外，由买方支付的，作为调整因素应计入的费用，主要包括除购货佣金以外的佣金和经纪费、与进口货物作为一个整体的容器费、包装费（包括材料费、劳务费）、协助的价值、特许权使用费、返还给卖方的转售收益等。

在发票价格中已单独列明，应予以扣除的费用主要包括机械、设备等进口后发生的除保修费以外的费用，货物运抵境内输入地点起卸后发生的运输及相关费用、保险费、进口关税、进口环节税及其他国内税、境内外技术培训及境外考察费用等，具体见《中华人民共和国海关审定进出口货物完税价格办法》（简称《审价办法》）。

三十一、随附单证及编号

（一）含义

指根据海关规定的"监管证件代码表"和"随附单据代码表"选择填报除《报关单填制规范》第十六条规定的许可证件以外的其他进出口许可证件或监管证件、随附单据代码及编号。

（二）填制规范

本栏目分为"随附单证代码"和"随附单证编号"两栏，其中"随附单证代码"栏按海关规定的"监管证件代码表"和"随附单据代码表"选择填报相应证件代码；"随附单证编号"栏填报证件编号。

1. 随附单证代码。

在海关监管和报关实务中，为满足计算机管理和便捷通关的需要，海关根据我国对外贸易法律规章和公告，对于每一商品编码项下的商品，在通关系统中均对应设置一定的监管条件，用以表示该商品是否可以进出口，或者进出口时是否需要提交监管证件，以及提交何种监管证件。

监管条件以监管证件代码来表示，如监管条件为空，则表示该商品可以进出口且无须提交任何监管证件，本栏目无须填报；如监管证件有要求时，本栏目必须填报。

详细的"监管证件代码表"如表2-9所示。

表2-9　监管证件代码表

监管证件代码	监管证件名称	监管证件代码	监管证件名称
0	反制措施排除代码	1	进口许可证
V	人类遗传资源材料出口、出境证明	2	两用物项和技术进口许可证
W	麻醉药品进出口准许证（废止）	3	两用物项和技术出口许可证
X	有毒化学品环境管理放行通知单	4	出口许可证
Y	原产地证明	5	纺织品临时出口许可证
Z	赴境外加工光盘进口备案证明	6	旧机电产品禁止出口
a	保税核注清单	7	自动进口许可证
b	进口广播电影电视节目带（片）提取单	8	禁止出口商品
c	内销征税联系单	9	禁止进口商品
d	援外项目任务通知函	A	检验检疫
e	关税配额外优惠税率进口棉花配额证	B	电子底账
f	音像制品（成品）进口批准单	E	濒危物种允许出口证明书
g	技术出口合同登记证	F	濒危物种允许进口证明书
h	核增核扣表	G	两用物项和技术出口许可证（定向）
i	技术出口许可证	H	港澳OPA纺织品证明
k	民用爆炸物品进出口审批单	I	麻醉精神药品进出口准许证
m	银行调运人民币现钞进出境证明	J	黄金及黄金制品进出口准许证
n	音像制品（版权引进）批准单	K	深加工结转申请表
q	国别关税配额证明	L	药品进出口准许证
r	预归类标志	M	密码产品和设备进口许可证
s	适用ITA税率的商品用途认定证明	O	自动进口许可证（新旧机电产品）
t	关税配额证明	P	固体废物进口许可证
u	钟乳石出口批件	Q	进口药品通关单

监管证件代码	监管证件名称	监管证件代码	监管证件名称
v	自动进口许可证（加工贸易）	R	进口兽药通关单
x	出口许可证（加工贸易）	S	进出口农药登记证明
y	出口许可证（边境小额贸易）	T	银行调运现钞进出境许可证（废止）
z	古生物化石出境批件	U	合法捕捞产品通关证明

2. 随附单证编号。

进出口收发货人经相关主管机构批准，获得许可证件的编号。

（三）信息来源

随附单证属于与海关管理相关的信息（如图2-80所示）。报关人可以通过以下方式查找填报。

合同协议号		件数 1	包装种类（2）纸箱	
集装箱号		随附单证		
标记唛码及备注		5207201810780461224		
备注：快件中心/DHL,无牌 出口货物在最终目的国（地区）不享受优惠关税 随附单证号：				
项号　商品编号　商品名称、规格型号			数量及单位	最终目的国（地区）
1　XXXXXXXXXX三极管 (4)　　1W以下/1-100V/1-100千个/公斤			36000个瑞典 0.8千克（330） 36千个	原产

图 2-80　随附单证

1. 根据商品编码确认海关监管条件，并填报监管证件号。在报关单录入时，系统会提示所需的监管证件代码。

2. 常见随附单证的填报说明。

（1）保税核注清单。使用金关二期管理的加工贸易手册或账册，保税物流账册，报关人员在完成加工贸易或保税物流核注清单申报后，会获得保税核注清单编号，以QD为开头的编号。

（2）原产地为美国的进口货物经批准获得市场化采购排除的，将获得反制措施排除编号。

（3）电子底账，必须进行检验检疫的出口商品，在完成电子底账的申报并批准放行后，将获得电子底账编号。

如海关签发内销征税联系单，可依照联系单编号填写。

三十二、标记唛码及备注

（一）含义

标记唛码是指运输标志，是为方便收货人查找、便于在装卸、运输、储存过程中识别而设的。包括收货人代号、发票号、合同号、目的地、原产国（地区）、中转信息、件数号码等相关信息。

（二）填制规范

1. 标记唛码中除图形以外的文字、数字，无标记唛码的填报"N/M"。

2. 受外商投资企业委托代理其进口投资设备、物品的进出口企业名称。

3. 与本报关单有关联关系的，同时在业务管理规范方面又要求填报的备案号，填报在电子数据报关单中"关联备案"栏。

保税间流转货物、加工贸易结转货物及凭征免税证明转内销货物，其对应的备案号填报在"关联备案"栏。

减免税货物结转进口（转入），"关联备案"栏填报本次减免税货物结转所申请的中华人民共和国海关进口减免税货物结转联系函的编号。

减免税货物结转出口（转出），"关联备案"栏填报与其相对应的进口（转入）报关单"备案号"栏中征免税证明的编号。

4. 与本报关单有关联关系的，同时在业务管理规范方面又要求填报的报关单号，填报在电子数据报关单中"关联报关单"栏。

保税间流转、加工贸易结转类的报关单，应先办理进口报关，并将进口报关单号填入出口报关单的"关联报关单"栏。

办理进口货物直接退运手续的，除另有规定外，应先填写出口报关单，再填写进口报关单，并将出口报关单号填入进口报关单的"关联报关单"栏。

减免税货物结转出口（转出），应先办理进口报关，并将进口（转入）报关单号填入出口（转出）报关单的"关联报关单"栏。

5. 办理进口货物直接退运手续的，填报"<ZT"+"海关审核联系单号"或者"海关责令进口货物直接退运通知书编号"+">"。办理固体废物直接退运手续的，填报"固体废物，直接退运表××号/责令直接退运通知书××号"。

6. 保税监管场所进出货物，在"保税/监管场所"栏填报本保税监管场所编码［保税物流中心（B型）填报本中心的国内地区代码］，其中涉及货物在保税监管场所间流转的，在本栏填报对方保税监管场所代码。

7. 涉及加工贸易货物销毁处置的，填报海关加工贸易货物销毁处置申报表编号。

8. 当监管方式为"暂时进出货物"（2600）和"展览品"（2700）时，填报要求如下：

（1）根据《中华人民共和国海关暂时进出境货物管理办法》（海关总署令第233号，以下简称《管理办法》）第三条第一款所列项目，填报暂时进出境货物类别，如暂进六，暂出九。

（2）根据《管理办法》第十条规定，填报复运出境或者复运进境日期，期限应在货物进出境之日起6个月内，例如，20180815前复运进境，20181020前复运出境。

（3）根据《管理办法》第七条，向海关申请对有关货物是否属于暂时进出境货物进行审核确认的，填报中华人民共和国××海关暂时进出境货物审核确认书编号，如<ZS海关审核确认书编号>，其中英文为大写字母；无此项目的，无须填报。

上述内容依次填报，项目间用"/"分隔，前后均不加空格。

（4）收发货人或其代理人申报货物复运进境或者复运出境的：货物办理过延期的，根据《管理办法》填报货物暂时进/出境延期办理单的海关回执编号，如<ZS海关回执编号>，其中英文为大写字母；无此项目的，无须填报。

9. 跨境电子商务进出口货物，填报"跨境电子商务"。

10. 加工贸易副产品内销，填报"加工贸易副产品内销"。

11. 服务外包货物进口，填报"国际服务外包进口货物"。

12. 公式定价进口货物填报公式定价备案号，格式为："公式定价"+备案编号+"@"。对于同一报关单下有多项商品的，如某项或某几项商品为公式定价备案的，则备注栏内填报为："公式定价"+备案编号+"#"+商品序号+"@"。

13. 进出口与预裁定决定书列明情形相同的货物时，按照预裁定决定书填报，格式为："预裁定"+"预裁定决定书编号"例如，某份预裁定决定书编号为R-2-0100-2018-0001，则填报为"预裁定R-2-0100-2018-0001"。

14. 含归类行政裁定的报关单，填报归类行政裁定编号，格式为："c"+四位数字编号，例如c0001。

15. 已经在进入特殊监管区时完成检验的货物，在出区入境申报时，填报"预检验"字样，同时在"关联报检单"栏填报实施预检验的报关单号。

16. 进口直接退运的货物，填报"直接退运"字样。

17. 企业提供ATA单证册的货物，填报"ATA单证册"字样。

18. 不含动物源性低风险生物制品，填报"不含动物源性"字样。

19. 货物自境外进入境内特殊监管区或者保税仓库的，填报"保税入库"或者"境外入区"字样。

20. 海关特殊监管区域与境内区外之间采用分送集报方式进出的货物，填报"分送集报"字样。

21. 军事装备出入境的，填报"军品"或"军事装备"字样。

22. 申报商品编码为3821000000、3002300000的，属于下列情况的，填报要求为：属于培养基的，填报"培养基"字样；属于化学试剂的，填报"化学试剂"字样；不含动物源性成分的，填报"不含动物源性"字样。

23. 属于修理物品的，填报"修理物品"字样。

24. 属于下列情况的，填报"压力容器""成套设备""食品添加剂""成品退换""旧机电产品"等字样。

25. 申报商品编码为2903890020（入境六溴环十二烷），用途为"其他（99）"的，填报具体用途。

26. 集装箱体信息，填报集装箱号（在集装箱箱体上标示的全球唯一编号）、集装箱规格、集装箱商品项号关系（单个集装箱对应的商品项号，半角逗号分隔）、集装箱货重（集装箱箱体自重+装载货物重量，单位为千克）。

27. 申报商品编码为3006300000、3504009000、3507909010、3507909090、3822001000、3822009000，不属于"特殊物品"的，填报"非特殊物品"字样。"特殊物品"定义

见《出入境特殊物品卫生检疫管理规定》。

28. 进出口列入目录的进出口商品及法律、行政法规规定须经出入境检验检疫机构检验的其他进出口商品实施检验的，填报"应检商品"字样。

29. 申报时其他必须说明的事项。

30. 涉及特许权使用费征补税的，填报本次征补税的周期。

（三）信息来源

1. 标记唛码属于与运输相关的信息（如图 2-81、图 2-82 所示）。唛头印刷或粘贴在货物外包装，报关人员可以从提运单、装箱单等报关单证中查看唛头，无标记唛码的填报"N/M"。

图 2-81　标记唛码及备注

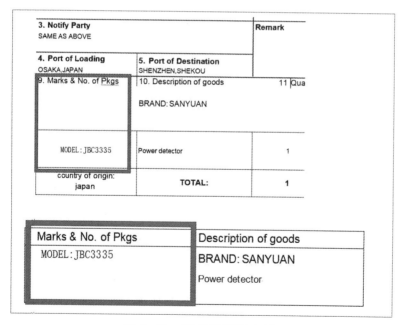

图 2-82　标记唛码及备注

2. 备注项可以录入与海关管理相关的信息，也可以根据收发货人的要求录入部分补充信息。

任务六　综合实训（1）

请根据给出的背景资料，根据已学内容填制空白报关单。

背景资料

佛山风新能源进出口有限公司（信用代码：91440604398176855A，海关十位代码：440694497H）委托某报关公司从盐田港（大鹏海关）申报出口"电烤箱"一批，产品为家用，境外品牌（其他）。加热原理：电能转化热能。境内货源地：佛山其他。

已给出的文件为销售合同、发票、装箱单，分别如图2-83、图2-84、图2-85所示。

请根据上述资料进行报关单填报（如图2-86所示）。

卖家：佛山风新能源进出口有限公司
Foshan Fengxin Energy import and Export Co.,Ltd.
Address:188 Haitian Avenue,Geoning District, Foshan City

Buyer:

KOIZUMI SEIKI CORP.

Address: Room 1008, 10/f kwong kin trade centre kin fat street, tuen mun New Territories, Hong Kong

tel:82915740

销售合同

合同协议号：DN19090082-121

日期DATE：2020/3/26

买卖双方经协商同意按以下条款成交：

The undersigned dersgned Seller and Buyer have agreed to condude the following transactions according to the terms and conditions set forth as below.

货物描述 DESCRIPTION	总数（箱） CTNS	总数量 QUANTITY	单位UNIT	单价 UNIT PRICE	总金额 AMOUNT
电烤箱	1150	4600	个	US$11.05	US$50,830.00
			FOB深圳	TOTAL:	US$50,830.00
合计美元：		50,830.00			

1. 装运期限:收到订金后45天交货
   Tme of Shipment: 45dasatter the desposit
2. 付款方式: 30%订金，收到副本提单后付清余款。
   Way of paylmnent 30% filed, 70% after received the copy of B/T
3. 溢短装条款(more or less)：5%
4. 包装/Packing: carton
5. 品质/数量异议：如买方提出索赔，凡属品质异议须于货到目的口岸之日起30天内提出，凡属数量异议须于货到目的口岸之日起15天内提出，对所装货物所提任何异议于保险公司、轮船公司、其他有关运输机构或邮递机构所负责者，卖方不负任何责任。
   In case of quality discrepancy, claim should be filed by the Buyer within 30 days after the arrival of the goods at the port of destination; while for quantity discrepancy, claim should be filed by the Buyer within 15 days after the arrival of the goods at the port of destination. It is understood that the Seller shall not be liable for any discrepancy of the goods shipped due to causes for which the Insurance Company, Shipping Company, other Transportation Organization for Post Office are liable.
6. 本合同为中英文两种文本，两种文本具有同等效力。本合同一式 _2_ 份。自双方签字（盖章）之日起生效。
   This Contract is executed in two counterparts each in Chinese and English, each of which shall be deemed equally authentic. This Contract is in __2__ copies effective since being signed/sealed by both parties.

SELLER:　　　　　　　　　　　　　　　　　BUYER:

图2-83　销售合同

卖家：佛山风新能源进出口有限公司
Foshan Fengxin energy import and Export Co., Ltd.
Address:188 Haitian Avenue, Gaoming District, Foshan City
Buyers：
KOIZUMI SEIKI CORP.

INVOICE

致 TO:

KOIZUMI SEIKI CORP.

日期 DATE: 2020/3/26

发票编号 INVOICE NO.: DN19090082-12

付款条件 TERMS OF DELIVERY： FOB SHENZHEN

TRANSPORT DETAILS： SEA FREIGHT COLLECT，　　FROM YANTIAN, CHINA　　TO　　KOBE, JAPAN

货物描述 DESCRIPTION	总数量 QUANTITY	单位 UNIT	单价 UNIT PRICE	总金额 AMOUNT
电烤箱	4600	个	US$11.05	US$50,830.00
			TOTAL:	US$50,830.00
合计美元：	50,830.00			

图 2-84　发票

卖家：佛山风新能源进出口有限公司
Foshan Fengxin energy import and Export Co., Ltd.
Address:188 Haitian Avenue, Gaoming District, Foshan City
Buyers：
KOIZUMI SEIKI CORP.

PACKING LIST

致 TO:

KOIZUMI SEIKI CORP.

日期 DATE：2020/3/26

发票编号 INVOICE NO.: DN19090082-12

合同号 CONTRACT NO.: DN19090082-121

付款条件 TERMS OF DELIVERY：FOB SHENZHEN

TRANSPORT DETAILS：　　SEA FREIGHT COLLECT，　　FROM YANTIAN, CHINA　　TO　　KOBE, JAPAN

货物描述 DESCRIPTION	总数（箱）CTNS	总数量(个) QUANTITY	总毛重 G.W. (KG)	总净重 N.W. (KG)	HS CODE
电烤箱	1150	4600	15215.00	11454.00	8516605000
合计 TOTAL	1150	4600	15215.00	11454.00	

图 2-85　装箱单

中华人民共和国海关出口货物报关单

预录入编号：		海关编号：		页码/页数：	
境内发货人	出境关别	出口日期	申报日期		备案号
境外收货人	运输方式	运输工具名称及航次号	提运单号		
生产销售单位	监管方式	征免性质	许可证号		
合同协议号	贸易国(地区)	运抵国(地区)	指运港		离境口岸
包装种类	件数	毛重(千克)	净重(千克)	成交方式	运费	保费	杂费

随附单证及编号
标记唛码及备注

项号	商品编号	商品名称及规格型号	数量及单位	单价/总价/币制	原产国(地区)	最终目的国(地区)	境内货源地	征免

特殊关系确认： 价格影响确认： 支付特许权使用费确认： 自报自缴：

报关人员 报关人员证号 电话	兹申明对以上内容承担如实申报、依法纳税之法律责任	海关批注及签章
申报单位	申报单位(签章)	

图 2-86 报关单

任务六 综合实训（2）

请根据给出的背景资料，根据已学内容填制空白报关单。

背景资料

长沙市行云进出贸易有限公司（信用代码：91430112MA4R587774，海关十位代码：4301960F11），于2020年3月5日从深圳宝安国际机场（深机场关）进口集成电路一批，货物进境后存放于国际货站，送往湖南省长沙市，境内目的地为长沙其他，用于国内销售。该产品无牌，生产商为创意电子有限公司，通讯用，控制功能，已封装，已蚀刻，已切割，非集成电路原片，量产，为非加密，非多元件集成电路，双方无特殊关系，货物无特许权使用费。

已给出文件为采购合同、发票、装箱单，分别如图 2-87、图 2-88、图 2-89 所示。请根据上述资料进行报关单填报（如图 2-90 所示）。

PURCHASE CONTRACT

Contract NO.:   AAY200108

Date: 2020.3.1

The Buyers: Changsha Xingyun import and export trade Co., Ltd.

Add: Deya Road, Kaifu District, Changsha City.

The Shipper: GLOBAL UNICHIP CORP

UNIT G,8/f.,Block 1,vigor industroal building Nos,49-53 Ta chuen Ping Street,Kwai Chung,n.t.,Hongkong

TEL: (852)27506898

This Contract is made by and between the Buyers and the Sellers;whereby the Buyers agree to buy and the Sellers agree to sell the undermentioned commodity according to the terms and conditions stipulated below:

1. 商品，规格、数量及价格：
COMMODITY, SPECIFICATIONS, QUANTITY AND PRICE:

商品名称 规格 NAME OF COMMODITY SPECIFICATIONS	数量 QUANTITY	单价 UNIT PRICE	总价 TOTAL AMOUNT
hs code:8542319000 integrated circuit	5,796 个	US$ 17.20	FCA TAIWAN US$99,691.20
TOTAL:	**5,796 PCS**		**US$99,691.20**

2. 装运期限：
TIME OF SHIPMENT: 2020/3/5

3. 装船港：
Loading port :   TAIWAN

4. 保险投保
INSURANCE: BUYER`S RESPONSIBILITY

5. 付款方式：
TERMS OF PAYMENT: BY T/T REMITTANCE

T/T/ 60 DAYS BASED ON B/L DAT

6. 目的地：
PORT OF DESTINATION: SHENZHEN

7. 唛头：
SHIPPING MARKS:

图 2-87 采购合同

COMMERCIAL INVOICE

1. Shipper GLOBAL UNICHIP CORP UNIT G,8/f.,Block 1,vigor industroal building Nos,49-53 Ta chuen Ping Street,Kwai Chung,n.t.,Hongkong TEL: (852)27506898	6. No. & Date of Invoice AAY200108 03-Mar-2020
	7. No. & date of L/C
	8. L/C issuing bank
2. Consignee Changsha Xingyun import and export trade Co., Ltd. Deya Road, Kaifu District, Changsha City.	
3. Notify Party SAME AS ABOVE	Remark freight: USD388 insurance: 率0.3

4. Port of Loading TAIWAN	5. Port of Destination SHENZHEN			
9. Marks & No. of Pkgs	10. Description of goods	11.Quantity/Unit	12. Unit Price	13. Amount

FCA TAIWAN

MODEL:H3	integrated circuit	5,796	个	17.2	US$99,691.20
country of origin: Taiwan China	TOTAL:	5,796	PCS		US$99,691.20

图 2-88 发票

PACKING LIST

1. Shipper GLOBAL UNICHIP CORP UNIT G,8/f.,Block 1,vigor industroal building Nos,49-53 Ta chuen Ping Street,Kwai Chung,n.t.,Hongkong TEL: (852)27506898				6. No. & Date of Invoice AAY200108 03-Mar-2020			
2. Consignee Changsha Xingyun import and export trade Co., Ltd. Deya Road, Kaifu District, Changsha City,				7. No. & date of L/C			
				8. L/C issuing bank			
3. Notify Party SAME AS ABOVE				Remark			
4. Port of Loading TAIWAN			5. Port of Destination SHENZHEN				
9.Marks	10.Pack Type	11.No	12.Description of goods	13.Quantity/Unit		14.N.weight	15.G.weight
H3	carton	1	integrated circuit	5,796	个	9.91	13.00
			集成电路				
TOTAL:		1		5,796	PCS	9.91	13.00

图 2-89 装箱单

中华人民共和国海关进口货物报关单

预录入编号：　　　　　　海关编号：　　　　　　　页码/页数：

境内收货人	进境关别		进口日期		申报日期	备案号
境外发货人	运输方式		运输工具名称及航次号		提运单号	货物存放地点
消费使用单位	监管方式		征免性质		许可证号	启运港
合同协议号	贸易国（地区）		启运国（地区）		经停港	入境口岸
包装种类	件数	毛重（千克）	净重（千克）	成交方式	运费	保费　杂费

随附单证及编号
标记唛码及备注

项号	商品编号	商品名称及规格型号	数量及单位	单价/总价/币制	原产国（地区）	最终目的国（地区）	境内目的地	征免

特殊关系确认：　　价格影响确认：　支付特许权使用费确认：　　自报自缴：

报关人员　报关人员证号　电话	兹申明对以上内容承担如实申报、依法纳税之法律责任	海关批注及签章
申报单位	申报单位（签章）	

图 2-90　报关单

三十三、项号

（一）含义

项号是指申报货物在报关单中的商品排列序号。

（二）填制规范

本栏目分两行填报。第一行填报报关单中的商品顺序编号（如图 2-91 所示）；第二行填报备案序号，专用于加工贸易及保税、减免税等已备案、审批的货物，填报该项货物在加工贸易手册或征免税证明等备案、审批单证中的顺序编号。有关优惠贸易协定项下报关单填制要求按照海关总署相关规定执行。其中第二行特殊情况填报要求如下：

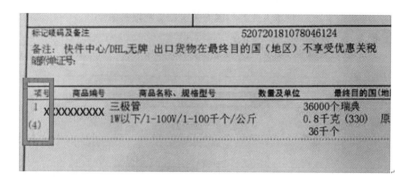

图 2-91　项号

1. 深加工结转货物，分别按照加工贸易手册中的进口料件项号和出口成品项号填报。

2. 料件结转货物（包括料件、制成品和未完成品折料），出口报关单按照转出加工贸易手册中进口料件的项号填报；进口报关单按照转进加工贸易手册中进口料件的项号填报。

3. 料件复出货物（包括料件、边角料），出口报关单按照加工贸易手册中进口料件的项号填报；如边角料对应一个以上料件项号时，填报主要料件项号。料件退换货物（包括料件、不包括未完成品），进出口报关单按照加工贸易手册中进口料件的项号填报。

4. 成品退换货物，退运进境报关单和复运出境报关单按照加工贸易手册原出口成品的项号填报。

5. 加工贸易料件转内销货物，以及按料件办理进口手续的转内销制成品、残次品、未完成品进口报关单，填报加工贸易手册进口料件的项号；加工贸易边角料、副产品内销，填报加工贸易手册中对应的进口料件项号。如边角料或副产品对应一个以上料件项号时，填报主要料件项号。

6. 加工贸易成品凭征免税证明转为减免税货物进口的，应先办理进口报关手续。进口报关单填报征免税证明中的项号，出口报关单填报加工贸易手册原出口成品项号，进、出口报关单货物数量应一致。

7. 加工贸易货物销毁，填报加工贸易手册中相应的进口料件项号。

8. 加工贸易副产品退运出口、结转出口，填报加工贸易手册中新增成品的出口项号。

9. 经海关批准实行加工贸易联网监管的企业，按海关联网监管要求，企业需申报报关清单的，应在向海关申报进出口（包括形式进出口）报关单前，向海关申报"清单"。一份报关清单对应一份报关单，报关单上的商品由报关清单归并而得。加工贸易电子账册报关单中项号、品名、规格等栏目的填制规范比照加工贸易手册。

（三）信息来源

项号是与海关管理相关的信息，报关单中的商品按照录入顺序排序生成；加工贸易进出口货物的备案编号，减免税货物的备案序号与征免税证明的商品备案序号一致。

三十四、商品编号

（一）含义

商品编号是指商品编码。

（二）填制规范

填报由 10 位数字组成的商品编号。前 8 位为《税则》和《中华人民共和国海关统计商品目录》（简称《统计商品目录》）确定的编码；9、10 位为监管附加编号。

【填制示例及解析】

商品编号（如图 2-92 所示）是与海关管理相关的信息，与税费、监管条件等密切相关。一般贸易项下货物，报关人员需要了解商品信息（材质、成分、含量、工作原理、功能、用途等），与收发货人共同完成对商品编号的确认。加工贸易手册（账册）项下货物，在报关录入系统中录入备案号、备案序号后，系统自动调取手册备案的商品编号。征免税证明项下货物，在报关单录入系统中录入征免税证明编号后，系统自动调取征免税证明备案的商品编号。进出口货物报关单中，涉及预归类裁定的商品应按照预归类裁定的商品编号申报。

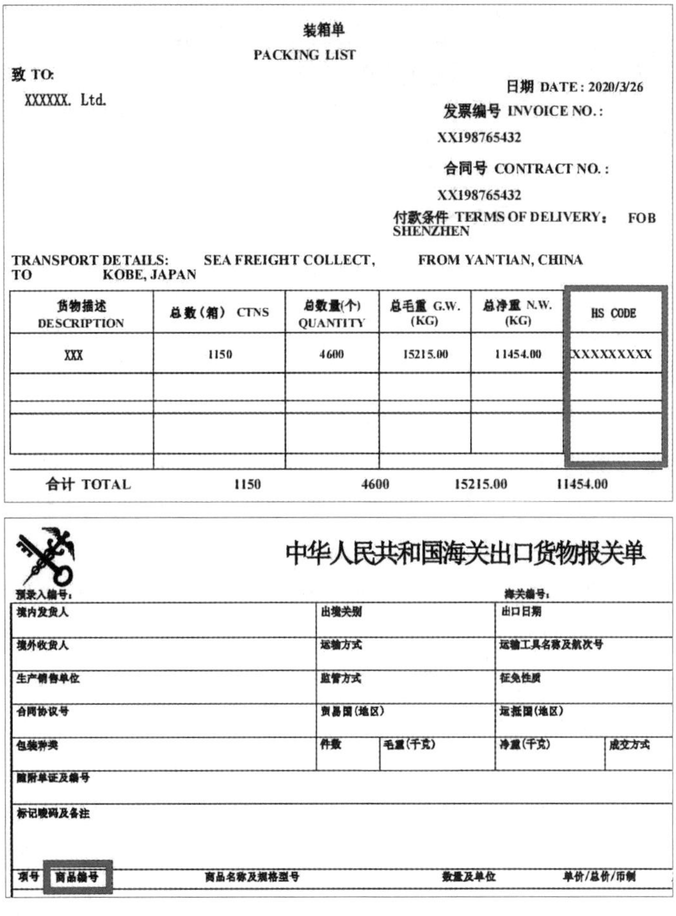

装箱单
PACKING LIST

致 TO:
XXXXXX. Ltd.

日期 DATE：2020/3/26
发票编号 INVOICE NO.：
XX198765432
合同号 CONTRACT NO.：
XX198765432
付款条件 TERMS OF DELIVERY： FOB SHENZHEN

TRANSPORT DETAILS: SEA FREIGHT COLLECT, FROM YANTIAN, CHINA TO KOBE, JAPAN

货物描述 DESCRIPTION	总数（箱） CTNS	总数量(个) QUANTITY	总毛重 G.W. (KG)	总净重 N.W. (KG)	HS CODE
XXX	1150	4600	15215.00	11454.00	XXXXXXXXXX
合计 TOTAL	1150	4600	15215.00	11454.00	

中华人民共和国海关出口货物报关单

预录入编号： 海关编号：

境内发货人	出境关别	出口日期
境外收货人	运输方式	运输工具名称及航次号
生产销售单位	监管方式	征免性质
合同协议号	贸易国(地区)	运抵国(地区)
包装种类	件数 / 毛重(千克)	净重(千克) / 成交方式
随附单证及编号		
标记唛码及备注		

项号 商品编号 商品名称及规格型号 数量及单位 单价/总价/币制

图 2-92 商品编号

（三）信息来源

1. 进出口货物报关单中，涉及预归类裁定的商品应按照预归类裁定的商品编号申报。

2. 也可以在报关单证中的合同里寻找到。

三十五、商品名称及规格型号

（一）含义

商品名称是指进出口货物规范的中文名称。

商品的规格型号是指反映商品性能、品质和规格的一系列指标，如品牌、成分、含量、等级、用途、功能等。

（二）填制规范

本栏目分两行填报。第一行填报进出口货物规范的中文商品名称，第二行填报规格型号（如图2-93所示）。具体填报要求如下：

随附单证		
标记唛码及备注 快件中心/DHL，无牌 出口货物在最终目的国（地区）不享受优惠		
商品编码	商品名称、规格型号	
412100	三极管 1W以下/1-100V/1-100千个/公斤	

图2-93 商品名称及规格型号

1. 商品名称及规格型号应据实填报，并与进出口货物收发货人或受委托的报关企业所提交的合同、发票等相关单证相符。

2. 商品名称应当规范，规格型号应当足够详细，以能满足海关归类、审价及许可证件管理要求为准，可参照《中华人民共和国海关进出口商品规范申报目录及释义》（简称《规范申报目录及释义》）中释义对商品名称、规格型号的要求进行填报。

3. 已备案的加工贸易及保税货物，填报的内容必须与备案登记中同项号下货物的商品名称一致。

4. 对需要海关签发货物进口证明书的车辆，商品名称栏填报"车辆品牌+排气量（注明cc）+车型（如越野车、小轿车等）"。进口汽车底盘不填报排气量。车辆品牌按照进口机动车辆制造厂名称和车辆品牌中英文对照表中"签注名称"一栏的要求填报。规格型号栏可填报"汽油型"等。

5. 由同一运输工具同时运抵同一口岸并且属于同一收货人、使用同一提单的多种进口货物，按照商品归类规则应当归入同一商品编号的，应当将有关商品一并归入该商品编号。商品名称填报一并归类后的商品名称；规格型号填报一并归类后商品的规格型号。

6. 加工贸易边角料和副产品内销，边角料复出口，填报其报验状态的名称和规格型号。

7. 品牌类型。品牌类型为必填项目，可选择"无品牌"（代码 0）、"境内自主品牌"（代码 1）、"境内收购品牌"（代码 2）、"境外品牌（贴牌生产）"（代码 3）、"境外品牌（其他）"（代码 4）如实填报。其中，"境内自主品牌"是指由境内企业自主开发、拥有自主知识产权的品牌；"境内收购品牌"是指境内企业收购的原境外品牌；"境外品牌（贴牌生产）"是指境内企业代工贴牌生产中使用的境外品牌；"境外品牌（其他）"是指除代工贴牌生产以外使用的境外品牌。上述品牌类型中，除"境外品牌（贴牌生产）"仅用于出口外，其他类型均可用于进口和出口。

8. 出口享惠情况。出口享惠情况为出口报关单必填项目。可选择"出口货物在最终目的国（地区）不享受优惠关税""出口货物在最终目的国（地区）享受优惠关税""出口货物不能确定在最终目的国（地区）享受优惠关税"如实填报。进口货物报关单不填报该申报项。

9. 申报进口已获 3C 认证的机动车辆时，填报以下信息：

（1）提运单日期。填报该项货物的提运单签发日期。

（2）质量保质期。填报机动车的质量保证期。

（3）发动机号或电机号。填报机动车的发动机号或电机号，应与机动车上打刻的发动机号或电机号相符。纯电动汽车、插电式混合动力汽车、燃料电池汽车为电机号，其他机动车为发动机号。

（4）车辆识别代码（VIN）。填报机动车车辆识别代码，须符合国家强制性标准《道路车辆 车辆识别代号（VIN）》（GB 16735）的要求。该项目一般与机动车的底盘（车架号）相同。

（5）发票所列数量。填报对应发票中所列进口机动车的数量。

（6）品名（中文名称）。填报机动车中文品名，按《进口机动车辆制造厂名称和车辆品牌中英文对照表》（国家质检总局、公安部、海关总署、环保总局公告 2004 年第 52 号附件）的要求填报。

（7）品名（英文名称）。填报机动车英文品名，按《进口机动车辆制造厂名称和车辆品牌中英文对照表》（国家质检总局、公安部、海关总署、环保总局公告 2004 年第 52 号附件）的要求填报。

（8）型号（英文）。填报机动车型号，与机动车产品标牌上整车型号一栏相符。

10. 进口货物收货人申报进口属于实施反倾销反补贴措施货物的，填报原厂商中文名称、原厂商英文名称、反倾销税率、反补贴税率和是否符合价格承诺等计税必要信息。

格式要求为："|<><><><><>"。"|""<"和">"均为英文半角符号。第一个"|"为在规格型号栏目中已填报的最后一个申报要素后系统自动生成或人工录入的分割符（若相关商品税号无规范申报填报要求，则需要手工录入"|"），"|"后面 5 个"<>"内容依次为原厂商中文名称、原厂商英文名称（如无原厂商英文名称，可填报以原厂商所在国或地区文字标注的名称，具体可参照商务部实施贸易救济措施相关公告中对有关原厂商的外文名称写法）、反倾销税率、反补贴税率、是否符合价格承诺。其中，反倾销税率和反补贴税率填写实际值，如税率为 30%，填写"0.3"。是否

符合价格承诺填写"1"或者"0","1"代表"是","0"代表"否"。填报时,5个"<>"不可缺项,如第3、4、5项"<>"中无申报事项,相应的"<>"中内容可以为空,但"<>"需要保留。

(三) 信息来源

1. 参考发票中的商品名称。

2. 加工贸易报税报关程序的货物和减免税货物,报关人按照收发货人备案信息,填报商品名称。

3. 也可以在报关单证的合同中寻找到。

三十六、数量及单位

(一) 含义

数量及单位是指进出口商品的实际数量及计量单位。

(二) 填制规范

1. 本栏目分三行填报。

(1) 第一行按进出口货物的法定第一计量单位填报数量及单位,法定计量单位以《统计商品目录》中的计量单位为准。

(2) 凡列明有法定第二计量单位的,在第二行按照法定第二计量单位填报数量及单位。无法定第二计量单位的,第二行为空。

(3) 成交计量单位及数量填报在第三行。

2. 法定计量单位为"千克"的数量填报,特殊情况下填报要求如下:

(1) 装入可重复使用的包装容器的货物,按货物扣除包装容器后的重量填报,如罐装同位素、罐装氧气及类似品等。

(2) 使用不可分割包装材料和包装容器的货物,按货物的净重填报(即包括内层直接包装的净重重量),如采用供零售包装的罐头、药品及类似品等。

(3) 按照商业惯例以公量重计价的商品,按公量重填报,如未脱脂羊毛、羊毛条等。

(4) 采用以毛重作为净重计价的货物,可按毛重填报,如粮食、饲料等大宗散装货物。

(5) 采用零售包装的酒类、饮料、化妆品,按照液体/乳状/膏状/粉状部分的重量填报。

3. 成套设备、减免税货物如需分批进口,货物实际进口时,按照实际报验状态确定数量。

4. 具有完整品或制成品基本特征的不完整品、未制成品,根据《商品名称及编码协调制度》归类规则按完整品归类的,按照构成完整品的实际数量填报。

5. 已备案的加工贸易及保税货物,成交计量单位必须与加工贸易手册中同项号下货物的计量单位一致,加工贸易边角料和副产品内销、边角料复出口,填报其报验状态的计量单位。

6. 优惠贸易协定项下进出口商品的成交计量单位必须与原产地证书上对应商品的

计量单位一致。

7. 法定计量单位为立方米的气体货物，折算成标准状况（即摄氏零度及1个标准大气压）下的体积进行填报。

8. 根据海关总署公告2019年第58号（关于特许权使用费申报纳税手续有关问题的公告），报关单"监管方式"栏目填报"特许权使用费后续征税"（代码9500），"商品名称"栏目填报原进口货物名称，"商品编码"栏目填报原进口货物编码，"数量及单位"栏目填报"0.1"。

9. 进口报关单修理物品申报"修理费"、出料加工申报"加工费"、租赁贸易填报"租赁费"，其商品编码与进口货物相同，数量及单位栏目填报"0.1"。

（三）信息来源

数量及单位是与货物成交相关的信息，报关人员可以从报关单证中查找（如图2-94、图2-95所示）。需注意：

标记号码 Mark&No.	货物名称	型号及规格	数量 QTY	单价	总价
1	空白线路XXX	xx*xx*xxCM	16	1.65	26.40
2	空白线路XXX	xx*xx*xxCM	12	1.74	20.88
3	空白线路XXX	xx*xx*xxCM	12	1.55	18.60
4	空白线路XXX	xx*xx*xxCM	4	1.55	6.20
5	空白线路XXX	xx*xx*xxCM	2	1.66	3.32
6	空白线路XXX	xx*xx*xxCM	12	1.65	19.80
7	空白线路XXX	xx*xx*xxCM	2	1.55	3.10
8	空白线路XXX	xx*xx*xxCM	2	1.74	3.48
9	空白线路XXX	xx*xx*xxCM	2	2.20	4.40
10	空白线路XXX	xx*xx*xxCM	8	1.20	9.60
11	空白线路XXX	xx*xx*xxCM	16	1.65	26.40
12	空白线路XXX	xx*xx*xxCM	10	2.20	22.00
13	空白线路XXX	xx*xx*xxCM	8	1.20	9.60
14	空白线路XXX	xx*xx*xxCM	20	1.74	34.80

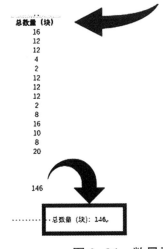

总数量（块）

16
12
12
4
2
12
12
12
2
16
10
20

146

总数量（块）：146.

图 2-94　数量及单位

商品名称	规格	数量	单价	总价
HS CODE:9030390000		1台		DDP SHENZHEN
Power detector			7340.00	USD 7340.00
TOTAL:		1pc		USD 7340.00

总数量（台）：1

图 2-95　数量及单位

1. 发票、装箱单中都列有货物的交易数量、单位和净重。合同或订单中列明的货物数量为订单总数量，有可能大于发票中列的数量，注意不要混淆。

2. 当发票中列明的交易数量单位与法定计量单位不同时，本栏目必须填报法定计量单位。

3. 当备案计量单位与法定计量单位不同时，报关人需要填报法定计量单位和数量，以及备案计量单位和数量。

三十七、单价

（一）含义

单价是指某种商品单位数量的价值量（货币数量）。

（二）填制规范

填报同一项号下进出口货物实际成交的商品单位价格。无实际成交价格的，填报单位货值。

三十八、总价

（一）含义

总价是指进出口货物实际成交的商品总价。

（二）填制规范

填报同一项号下进出口货物实际成交的商品总价格。无实际成交价格的，填报货值。

【填制示例及解析】

填制示例如图 2-96 所示。

INVOICE

To Messrs.
XXXXX进出口有限公司

Tel: Fax:

Payment term: NO NEED

From: HongKong , CHINA To: CHINA

Date 2020-03-03
Invoice No.: XXXXXXXX
Price condition: EXW HONGKONG

Iterm	DESCRIPTION	MODEL NO.	QTY. (个)	UNIT PRC(HKD)	AMT. (HKD)
1	XXX	XXXXXX	130.0000	100.00	13,000.00
2					
3					
4					
5					
TOTAL			130.0000		13,000.00

Freight : CNY 1000.00
Insurance : CNY 40.00
Extras : CNY 300.00

中华人民共和国海关进口货物报关单

海关编号: 页码/页数:

进境关别		进口日期		申报日期		备案号	
运输方式		运输工具名称及航次号		提运单号		货物存放地点	
监管方式		征免性质		许可证号		启运港	
贸易国(地区)		启运国(地区)		经停港		入境口岸	
件数	毛重(千克)	净重(千克)	成交方式	运费	保费		杂费

数量及单位	单价/总价/币制	原产国(地区)	最终目的国(地区)	境内目的地	征免

图 2-96 总价

本栏目可在示例的发票中找到，根据报关单填制规范，单价、总价只填货值，币制填报货币名称及代码。示例的商品单价为 100，总价为 13000，币制为港币，示例出口报关单中"单价/总价/币制"栏目填报"100/13000/港币（110）"。

（三）信息来源

单价、总价为交易的相关的信息，是报关单证（发票、合同）中必有的重要信息。特殊交易方式下，如免费提供、样品等无商业价值的货物，报关人员需要与委托单位确认进出口货物的实际价值，并按照实际价值申报。

三十九、币制

（一）含义

币制是指进出境货物实际成交价格的计价货币。

（二）填制规范

按海关规定的"货币代码表"选择相应的货币名称及代码填报，如"货币代码表"中无实际成交币种,需将实际成交货币按申报日外汇折算率折算成"货币代码表"列明的货币填报。

(三) 信息来源

币制为交易的相关的信息,是报关单证(发票、合同)中必有的重要信息(如图2-97、图2-98所示)。特殊交易方式下,如免费提供、样品等无商业价值的货物,报关人员需要与委托单位确认进出口货物的实际价值,并按照实际价值申报。

数量 QUANTITY	单价 UNIT PRICE	总价 TOTAL AMOUNT
1 台	7340.00	DDP, SHENZHEN USD7,340.00

单价	总价	币制
7,340.00	7,340.00	USD

图 2-97 币制

标记号码 Mark&No.	货物名称	型号及规格	数量 QTY	单价	总价
1	空白线路XXX	xx*xx*xxCM	16	1.65	26.40
2	空白线路XXX	xx*xx*xxCM	12	1.74	20.88
3	空白线路XXX	xx*xx*xxCM	12	1.55	18.60
4	空白线路XXX	xx*xx*xxCM	4	1.55	6.20
5	空白线路XXX	xx*xx*xxCM	2	1.66	3.32
6	空白线路XXX	xx*xx*xxCM	12	1.65	19.80
7	空白线路XXX	xx*xx*xxCM	2	1.55	3.10
8	空白线路XXX	xx*xx*xxCM	2	1.74	3.48
9	空白线路XXX	xx*xx*xxCM	2	2.20	4.40
10	空白线路XXX	xx*xx*xxCM	8	1.20	9.60
11	空白线路XXX	xx*xx*xxCM	16	1.65	26.40
12	空白线路XXX	xx*xx*xxCM	10	2.20	22.00
13	空白线路XXX	xx*xx*xxCM	8	1.20	9.60
14	空白线路XXX	xx*xx*xxCM	20	1.74	34.80

标记号码 Mark&No.	数量 QTY	单价	总价
1	16	1.65	26.40
2	12	1.74	20.88
3	12	1.55	18.60
4	4	1.55	6.20
5	2	1.66	3.32
6	12	1.65	19.80
7	2	1.55	3.10
8	2	1.74	3.48
9	2	2.20	4.40
10	8	1.20	9.60
11	16	1.65	26.40
12	10	2.20	22.00
13	8	1.20	9.60
14	10	1.74	17.40

图 2-98 币制

任务七　综合实训（1）

请根据给出的背景资料，根据已学内容填制空白报关单。

背景资料

上海市通通进出口贸易有限公司（信用代码：9144030035998697X7，海关十位代码：4403660079），于 2020 年 5 月 4 日从蛇口港（蛇口海关）进口手套一批，货物进境后存放于企业自有仓库，送往湖北省武汉市，用于国内销售。该产品无牌，产品为工业用，含胶率 74%，M 码 2300000 双，L 码 950000 双，境内目的地为武汉其他，双方无特殊关系，货物无特许权使用费。

已给出文件为采购合同、发票、装箱单，分别如图 2-99、图 2-100、图 2-101 所示。

请根据上述资料进行报关单填报（如图 2-102 所示）。

PURCHASE CONTRACT

No: SO/2101/055
DATE: 2020/4/29

THE BUYERS: Shanghai Tongtong import and export trade Co., Ltd.

ADDRESS: Room 102, 42 Guangzhong Road, Shanghai

THE SELLERS: COMFORT RUBBER GLOVES INDUSTRIES SDN. BHD.
ADDRESS: ROUTE DE GISY 78140 VELIZY-VILLACOUBLAY MALAYSIA
TEL: 33-1-61452827

This Contract is made by and between the Buyers and the Sellers according to PSA FRAMEWORK PARTS

HS CODE	COMODITIES AND SPECIFICATIONS	UNIT	QUANTITY	UNIT PRICE(USD)	TOTAL AMOUNT (USD)
4015190000	一次性手套	只	4600000	0.0202	92920.00
4015190000	一次性手套	只	1900000	0.0202	38380.00
				TOTAL VALUE:	131300.00

Remark: Partial Shipment Is Allowed

1. COUNTRY OF ORIGIN :   Malaysia.
2. PACKING: cartons
3. SHIPPING MARK: Shipping mark shall be made in accordance with PSA's regular
4. TIME OF DELIVERY: 2020/5/8 前
5. PLACE OF DELIVERY: Port klang
6. PORT OF LOADING: Port klang
7. PORT OF DISCHARGE: Shekou 蛇口
8. PLACE OF DESTINATION: Shenzhen Plant
9. PAYMENT :The buyer shall pay the full contract amount by T/T.
10. DELIVERY: The payments shall be tendered FOB under INCOTERMS 2000.
11. Except those stipulated in this Contract, this Contract shall be governed by and
    implemented according to the PSA FRAMEWORK PARTS AND COMPONENTS SUPPLY AGREEMENT.
    In witness whereof, this Contract is signed by both Parties in six(6) originals in
    English and Chinese, each party holds one (1) copy and the other four (4) for customs
    clearance purpose.
    有鉴于此，双方签署本合同，一式六份，双方各执一份，其余四份用于报关。

ON BEHALF OF   ON BEHALF OF
THE BUYERS   THE SELLERS

图 2-99 采购合同

INVOICE

NO: SO/2101/055-1
Date: 2020/5/3
Contract No: SO/2101/055

The Seller:

COMFORT RUBBER GLOVES INDUSTRIES SDN. BHD.

ROUTE DE GISY 78140 VELIZY-VILLACOUBLAY MALAYSIA

Consignee:

Shanghai Tongtong import and export trade Co., Ltd.

Room 102, 42 Guangzhong Road, Shanghai

item No	Description of Goods	Origin	Quantity	Unit	Unit Price USD	Total Price USD
1	一次性手套	Malaysia.	4600000	只	0.0202	92920.00
2	一次性手套	Malaysia.	1900000	只	0.0202	38380.00
	Total:		6500000			131300.00

The freight: RMB 350
Insurance: RMB 185

图 2-100　发票

PACKING LIST

NO: SO/2101/055-1
Date: 2020/5/3

The Seller:

COMFORT RUBBER GLOVES INDUSTRIES SDN. BHD.

ROUTE DE GISY 78140 VELIZY-VILLACOUBLAY MALAYSIA

Consignee:

Shanghai Tongtong import and export trade Co., Ltd.

Room 102, 42 Guangzhong Road, Shanghai

Description of Goods	Quantity	Unit	Net Weight(KG)	Gross Weight(KG)	packages
一次性手套	4600000.00	只	16109.00	16477.00	920 cartons
一次性手套	1900000.00	只	7211.00	7363.00	380 cartons
TOTAL:	6500000.00		23320.00	23840.00	1300

Trade Terms: FOB Port klang

Total Packages: 1300 cartons

图 2-101　装箱单

中华人民共和国海关进口货物报关单

预录入编号：		海关编号：			页码/页数：		
境内收货人	进境关别		进口日期		申报日期		备案号
境外发货人	运输方式		运输工具名称及航次号		提运单号		货物存放地点
消费使用单位	监管方式		征免性质		许可证号		启运港
合同协议号	贸易国(地区)		启运国(地区)		经停港		入境口岸
包装种类	件数	毛重(千克)	净重(千克)	成交方式	运费	保费	杂费
随附单证及编号							
标记唛码及备注							

项号	商品编号	商品名称及规格型号	数量及单位	单价/总价/币制	原产国(地区)	最终目的国（地区）	境内目的地	征免

特殊关系确认：	价格影响确认：	支付特许权使用费确认：	自报自缴：	
报关人员　报关人员证号　电话	兹申明对以上内容承担如实申报、依法纳税之法律责任			海关批注及签章
申报单位		申报单位(签章)		

图 2-102　报关单

任务七　综合实训（2）

请根据给出的背景资料，根据已学内容填制空白报关单。

背景资料

广西贵港格原进出口贸易有限公司（信用代码：91450802753723585X，海关十位代码：4513968843）以公路运输方式从皇岗海关出口"智能手环/手表"一批，不享惠，境内货源地为贵港市，HONAC牌，境内自主品牌，商品编码均为8517629900。

智能手环：个人通信用，通过无线网络实现无线通信及数据采集功能，无线网络。

智能手表：数据传输用，通过无线网络实现无线收发数据功能，无线网络。

已给出文件为合同、发票、装箱单，分别如图2-103、图2-104、图2-105所示。
请根据上述资料进行报关单填报（如图2-106所示）。

CONTRACT

(Place)： 广西

(Contract No.)： HK0004422050M

买方（Buyer）： Postel Development Co.,Limited

卖方（Seller）:广西贵港格原进出口贸易有限公司

地址(Address)： UNIT A,8/F,NICHE CENTRE.NO.20 HONGKONG

Guangxi Guigang Geyuan import
and export trade Co., Ltd.

兹经双方同意由买方购进如下货物，并按下列条款签定本合同：

This contract is made by and between the Buyers and Sellers, whereby the Buyers agree to buy and the
Sellres agree to sell the undermentioned commodity according to the terms and coditions stipulated
below.

Name of Commoditry and specificatons		Quantity	Unit	(CNY) UnitPrice	(CNY) Amount
智能手环	CRS-B19S型	250.00	台	143.78	35945.00
智能手表	MNS-B19型	150.00	台	771.96	115794.00
					151739.00

1. 交易条件： FCA SHENZHEN
2. 包装： 纸箱
3. 装运口岸： 深圳皇岗口岸
4. 目的地口岸： HONGKONG
5. 装运期限： 2020年5月30前，允许分运及转运。
6. 保险： 买方承付
7. 付款条件： T/T
8. 运费：
9. 合同有效期限： 经双方签字盖章后生效。

买方Buyer： *Postel Development Co.,Limited*

卖方Seller:广西贵港格原进出口贸易有限公司

签字Signature：

签字Signature：

图 2-103　合同

INVOICE

TO： Postel Development Co.,Limited

Address： UNIT A,8/F,NICHE CENTRE.NO.20 HONGKONG

Date： 2020/5/8

Invoice No.： HK0004422050M-1

序号	名称	数量	单位	币制	单价	金额
1	智能手环	250.00	台	CNY	143.78	35945.00
2	智能手表	150.00	台	CNY	771.96	115794.00
		合计：				151739.00

图 2-104　发票

Packing List

TO:　　Postel Development Co.,Limited　　　　　　Date:　　　2020/5/8

Address:　UNIT A,8/F,NICHE CENTRE.NO.20 HONGKONG　　Invoice No.:　HK0004422050M-1

序号	名称	CARTONS	QUANTITY	NET/WT（KG）	GROSS/WT（KG）
1	智能手环	5.00	250.00	24.37	61.00
2	智能手表	2.00	150.00	56.16	71.00
合计：		7.00	400.00	80.53	132.00

图 2-105　装箱单

中华人民共和国海关出口货物报关单

预录入编号：			海关编号：		页码/页数：	
境内发货人	出境关别		出口日期		申报日期	备案号
境外收货人	运输方式		运输工具名称及航次号		提运单号	
生产销售单位	监管方式		征免性质		许可证号	
合同协议号	贸易国(地区)		运抵国(地区)		指运港	离境口岸
包装种类	件数	毛重(千克)	净重(千克)	成交方式	运费	保费	杂费
随附单证及编号						
标记唛码及备注						

项号	商品编号	商品名称及规格型号	数量及单位	单价/总价/币制	原产国(地区)	最终目的国(地区)	境内货源地	征免

特殊关系确认:　价格影响确认:　支付特许权使用费确认:　　自报自缴:

报关人员	报关人员证号	电话	兹申明对以上内容承担如实申报、依法纳税之法律责任	海关批注及签章
申报单位			申报单位(签章)	

图 2-106　报关单

四十、原产国（地区）

（一）含义

原产国（地区）是指一国进口货物的出产或制造国家（地区）。

（二）填制规范

1. 原产国（地区）应依据《中华人民共和国进出口货物原产地条例》（简称《原产地条例》）、《中华人民共和国海关关于执行〈非优惠原产地规则中实质性改变标准〉的规定》以及海关总署关于各项优惠贸易协定原产地管理规章规定的原产地确定标准填报。

2. 同一批进出口货物的原产地不同的，分别填报原产国（地区）。

3. 进出口货物原产国（地区）无法确定的，填报"国别不详"。

4. 按海关规定的"国别（地区）代码表"选择填报相应的国家（地区）名称及代码。

5. 优惠贸易协定享惠。

协定享惠栏目，需要填报贸易协定原产地编号、协定代码、原产地、原产地证商品编号，并选择原产地证类型。

6. 特殊监管区域境外进口货物适用"优惠贸易协定"的填报。

对于出海关特殊监管区域和保税监管场所［以下统称区域（场所）］申请适用协定税率或者特惠税率的货物，进口货物收货人或其代理人（以下统称进口人）应在内销时按照上述要求填报报关单；在货物从境外入区域（场所）时，无须比照上述要求填报中华人民共和国海关进（出）境货物备案清单（以下简称备案清单）商品项"优惠贸易协定享惠"类栏目。

内销时货物实际报验状态与其从境外入区域（场所）时的状态相比，超出了相关优惠贸易协定所规定的微小加工或处理范围的，不得享受协定税率或者特惠税率。

7. 优惠贸易协定项下实施特殊保障措施的农产品的填报。

优惠贸易协定项下实施特殊保障措施的农产品仍然按照海关总署公告 2019 年第 207 号要求申报。有关农产品出区域（场所）申请适用协定税率的，在货物从境外入区域（场所）时进口人应当比照本公告第一条规定填报备案清单，并以"通关无纸化"方式申报。

8. 香港 CEPA、澳门 CEPA 下"优惠贸易协定"填报。

向香港特别行政区或者澳门特别行政区出口用于生产《内地与香港关于建立更紧密经贸关系的安排》（香港 CEPA）或者《内地与澳门关于建立更紧密经贸关系的安排》（澳门 CEPA）项下协定税率货物的原材料时，应当在报关单的"关联备案"栏填报香港或澳门生产厂商在香港工贸署或者澳门经济局登记备案的有关备案号。

9.《区域全面经济伙伴关系协定》下优惠贸易享惠的填报。

2022 年 1 月 1 日，《区域全面经济伙伴关系协定》生效实施，涉及"优惠贸易享惠"进出口货物按照本栏目的填报要求填报，对"尚未实现原产地电子信息交换的优惠贸易协定项下进口货物"，需要在申报前使用"优惠贸易协定原产地要素申报系统"

录入原产地证明电子信息。《协定》的优惠贸易协定代码为"22"。

进口人通过"优惠贸易协定原产地要素申报系统"填报原产地证明电子数据时，原产地证明"《协定》项下原产国（地区）"栏目包含"＊"或者"＊＊"的，"优惠贸易协定项下原产地"栏目应当相应填报"原产地不明（按相关成员最高税率）"（字母代码 HRA，数字代码 801）或者"原产地不明（按所有成员最高汇率）"（字母代码 HRB，数字代码 802）。

【填制示例及解析】

填制示例如图 2-107 所示。

图 2-107　原产国（地区）

本栏目可在示例的合同中找到，由文字信息"Country of Origin：China"可知，货物来源于中国，因此示例出口报关单中"原产国（地区）"栏目填报"中国（CHN）"。

（三）信息来源

1. 进口报关单证（发票或原产地证明书）上原产国（地区）一般表示为"Made in…"（在……制造）或"Origin/Country of Origin：×××"（原产于：×××）。

2. 在提单或装箱单的唛头中，也会记录原产国（地区）信息。

四十一、最终目的国（地区）

（一）含义

最终目的国（地区）是指已知的进出口货物的最终实际消费、使用或进一步加工制造国家（地区）。

（二）填制规范

1. 不经过第三国（地区）转运的直接运输货物，以运抵国（地区）为最终目的国（地区）。

2. 经过第三国（地区）转运的货物，以最后运往国（地区）为最终目的国（地区）。

3. 同一批进出口货物的最终目的国（地区）不同的，分别填报最终目的国（地区）。

4. 进出口货物不能确定最终目的国（地区）时，以尽可能预知的最后运往国（地区）为最终目的国（地区）。

5. 按海关规定的"国别（地区）代码表"选择填报相应的国家（地区）名称及代码。

【填制示例及解析】

填制示例如图2-108所示。

图2-108　最终目的国（地区）

本栏目可在示例的装箱单中找到，最终目的国（地区）填报已知的进出口货物的最终实际消费、使用或进一步加工制造国家（地区）。由装箱单文字信息"TRANSPORT DETAILS：SEA FREIGHT COLLECT，FROM YANTIAN，CHINA TO KOBE，JAPAN"可知，该批货物由中国盐田港运至日本神户港，货物在出口运输中未发生中转，为直接运抵货物。所以示例出口报关单中"最终目的国（地区）"栏目填报"日本（JPN）"。

（三）信息来源

1. 最终目的国（地区）是与交易相关的信息，报关人员与委托单位确认货物的最终实际消费、使用或进一步加工制造的国家（地区）。如果不能确认，以出口报关单证（发票、装货单）上列明的运抵国（地区）填报本栏目。

2. 进口报关单默认填写"中国"。

四十二、境内目的地/境内货源地

（一）含义

境内目的地是指已知的进口货物在国内的消费、使用地或最终运抵地，其中最终运抵地为最终使用单位所在的地区。

境内货源地是指出口货物在国内的产地或原始发货地。

（二）填制规范

1. 最终使用单位难以确定的，填报货物进口时预知的最终收货单位所在地。

2. 出口货物产地难以确定的，填报最早发运该出口货物的单位所在地。

3. 海关特殊监管区域、保税物流中心（B型）与境外之间的进出境货物，境内目的地/境内货源地填报本海关特殊监管区域、保税物流中心（B型）所对应的国内地区。

4. 按海关规定的"国内地区代码表"选择填报相应的国内地区名称及代码。境内目的地还需根据"中华人民共和国行政区划代码表"选择填报其对应的县级行政区名称及代码。无下属区县级行政区的，可选择填报地市级行政区。

【填制示例及解析】

填制示例如图2-109所示。

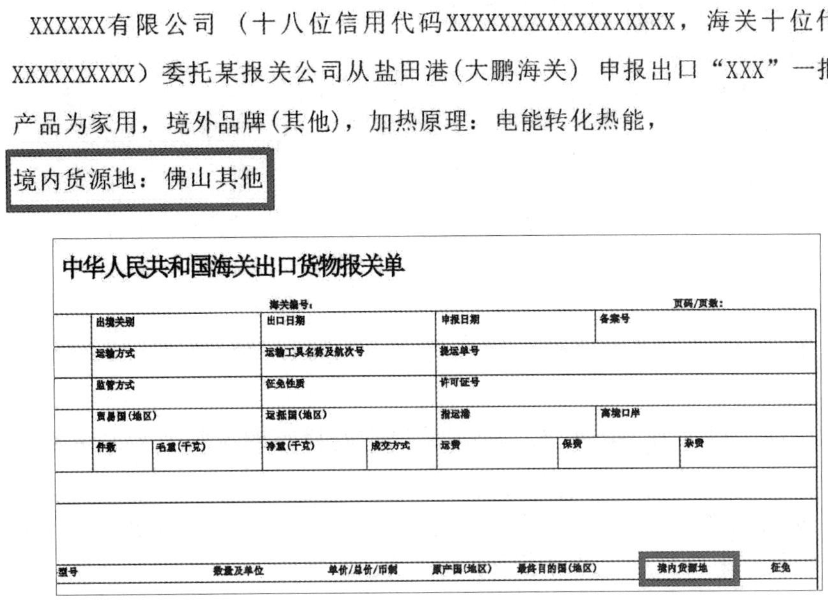

XXXXXX有限公司（十八位信用代码XXXXXXXXXXXXXXXXXX，海关十位代码XXXXXXXXXX）委托某报关公司从盐田港(大鹏海关）申报出口“XXX”一批，产品为家用，境外品牌(其他)，加热原理：电能转化热能，

境内货源地：佛山其他

中华人民共和国海关出口货物报关单

海关编号：　页码/页数：

出境关别	出口日期	申报日期	备案号	
运输方式	运输工具名称及航次号	提运单号		
监管方式	征免性质	许可证号		
贸易国(地区)	运抵国(地区)	指运港	离境口岸	
件数	毛重(千克)	净重(千克)	成交方式	运费	保费	杂费

项号　数量及单位　单价/总价/币制　原产国(地区)　最终目的国(地区)　境内货源地　征免

图 2-109　境内货源地

本栏目可在示例的文字说明资料中找到，由文字信息“境内货源地：佛山其他”可知，示例中出口报关单中“境内货源地”栏目填报“佛山其他（44069）”。

（三）信息来源

境内目的地/境内货源地的填报属于与货物成交相关的信息，报关人需要与委托单位确认。在报关单录入时，录入系统将收发货人注册地默认为境内目的地/境内货源地，但报关人员必须根据实际情况填报，不能以默认信息为准。

四十三、征免

（一）含义

征免是指海关依照《海关法》《关税条例》《税则》及其他法律、法规，对进口货物决定征税、减税、免税或特案处理的实际操作方式。

（二）填制规范

1. 按照海关核发的征免税证明或有关政策规定，对报关单所列每项商品选择海关规定的“征减免税方式代码表”中相应的征减免税方式填报（如表 2-10 所示）。同一份报关单上可以填报不同的征减免税方式。

2. 主要征减免税方式。

（1）照章征税

照章征税指对进出口货物依照法定税率计征各类税费。

（2）折半征税

折半征税指依照主管海关签发的征免税证明或海关总署的通知，对进出口货物依照法定税率折半计征关税和增值税，但照章征收消费税。

（3）全免

全免指依照主管海关签发的征免税证明或海关总署的通知，对进出口货物免征关税和增值税，但消费税是否免征应按有关批文的规定办理。

（4）特案减免

特案减免指依照主管海关签发的征免税证明或海关总署通知规定的税率或完税价格计征各类税费。

（5）随征免性质

随征免性质指对某些特定监管方式下进出口的货物按照征免性质规定的特殊计税公式或税率计征税费。

（6）保证金

保证金指经海关批准具保放行的货物，由担保人向海关缴纳现金的一种担保形式。

（7）保函

保函指担保人根据海关的要求，向海关提交的订有明确权利、义务的一种担保形式。

3. 加工贸易货物报关单根据加工贸易手册中备案的征免规定填报；加工贸易手册中备案的征免规定为“保金”或“保函”的，填报“全免”。

表 2-10　征减免税方式代码表

1	照章征税	5	随征免性质
2	折半征税	6	保证金
3	全免	7	保函
4	特案		

【填制示例及解析】

填制示例如图 2-110 所示。

XXXXXX有限公司（十八位信用代码XXXXXXXXXXXXXXXXXX，海关十位代码XXXXXXXXXX）委托某报关公司从盐田港(大鹏海关) 申报出口“XXX”一批，产品为家用，境外品牌(其他)，加热原理：电能转化热能，境内货源地：佛山其他

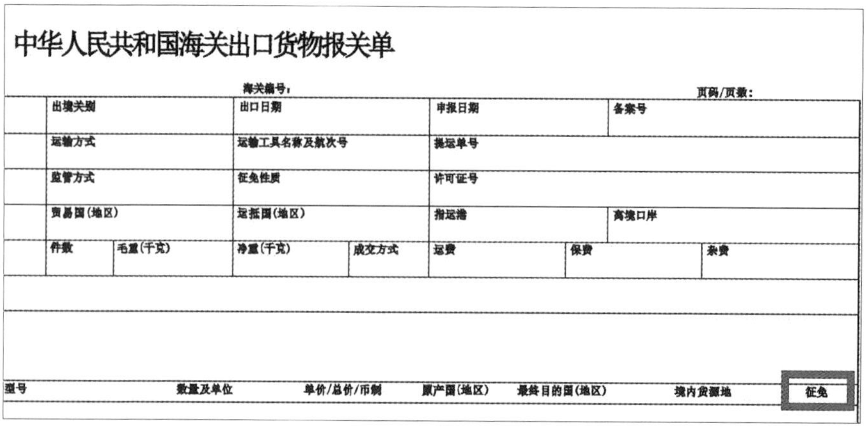
中华人民共和国海关出口货物报关单

海关编号： 页码/页数：

出境关别	出口日期	申报日期	备案号
运输方式	运输工具名称及航次号	提运单号	
监管方式	征免性质	许可证号	
贸易国(地区)	运抵国(地区)	指运港	离境口岸

件数	毛重(千克)	净重(千克)	成交方式	运费	保费	杂费

型号	数量及单位	单价/总价/币制	原产国(地区)	最终目的国(地区)	境内货源地	征免

图 2-110　征免

由示例的背景资料可以判断，该批出口货物为一般贸易。又因为"一般贸易"监管方式对应的征免性质为"一般征税"，根据报关单的监管方式及"征免"性质存在相对应的逻辑关系，"一般征税"对应的征免为照章征税，因此示例出口报关单中"征免"栏目填报"照章征税（1）"。

（三）信息来源

征免是与海关管理相关的信息，与报关单的监管方式及征免性质的填报，存在相对应的逻辑关系。

1. 对以"一般贸易"成交，确认按一般进出口通关制度报关（征税）的货物，其对应关系为：

监管方式：一般贸易。

征免性质：一般征税。

征免：照章征税或保证金、保函。

2. 对"来料加工"或"进料加工"进出口货物，并确认按保税通关制度报关（保税）的，其对应关系为：

监管方式：来料加工/进料对口。

征免性质：来料加工/进料加工。

征免：全免。

3. 对来料/进料深加工结转货物，并确认按保税通关制度报关（保税）的，其对应关系为：

监管方式：来料深加工/进料深加工。

征免性质：本栏为空。

征免：全免。

4. 对外商投资企业在投资额度内进口设备/物品，并已确认按特定减免税通关制度报关（免税）的，其对应关系为：

监管方式：合资合作设备/外资设备物品。

征免性质：鼓励项目。

征免：全免/特案。

5. 对外商投资企业在投资额度外利用自有资金进口设备/物品，并已确认按照特定减免税通关制度报关（免税）的，其对应关系为：

监管方式：一般贸易。

征免性质：自有资金。

征免：全免/特案。

四十四、特殊关系确认

（一）含义

特殊关系确认是指确认进出口行为中买卖双方是否存在特殊关系。

（二）填制规范

1. 根据《审价办法》第十六条，填报确认进出口行为中买卖双方是否存在特殊关系，有下列情形之一的，应当认为买卖双方存在特殊关系，应填报"是"，反之则填报"否"。

（1）买卖双方为同一家族成员的。

（2）买卖双方互为商业上的高级职员或者董事的。

（3）一方直接或者间接地受另一方控制的。

（4）买卖双方都直接或者间接地受第三方控制的。

（5）买卖双方共同直接或者间接地控制第三方的。

（6）一方直接或者间接地拥有、控制或者持有对方5%以上（含5%）公开发行的有表决权的股票或者股份的。

（7）一方是另一方的雇员、高级职员或者董事的。

（8）买卖双方是同一合伙的成员的。

2. 买卖双方在经营上相互有联系，一方是另一方的独家代理、独家经销或者独家受让人，如果符合前款的规定，也应当视为存在特殊关系。

3. 出口货物免予填报，加工贸易及保税监管货物（内销保税货物除外）免予填报。

（三）信息来源

本栏目属于与交易相关的信息，报关人员需要与委托单位确认后填报。

四十五、价格影响确认

（一）含义

价格影响确认是指特殊关系是否影响了成交价格。

（二）填制规范

1. 根据《审价办法》第十七条，填报确认纳税义务人是否可以证明特殊关系未对进口货物的成交价格产生影响。纳税义务人能证明其成交价格与同时或者大约同时发生的下列任何一款价格相近的，应视为特殊关系未对成交价格产生影响，填报"否"，反之则填报"是"。

（1）向境内无特殊关系的买方出售的相同或者类似进口货物的成交价格。

（2）按照《审价办法》第二十三条的规定所确定的相同或者类似进口货物的完税价格。

（3）按照《审价办法》第二十五条的规定所确定的相同或者类似进口货物的完税价格。

2. 出口货物免予填报，加工贸易及保税监管货物（内销保税货物除外）免予填报。

（三）信息来源

本栏目属于与交易相关的信息，报关人员需要与委托单位确认后填报。

四十六、支付特许权使用费确认

（一）含义

特许权使用费是指人们因使用权利、或如信息、服务等无形财产而支付的任何款项。如个人提供专利权、商标权、著作权、非专利技术以及其他特许权的使用权而取得的所得。

（二）填制规范

1. 根据《审价办法》第十一条和第十三条，填报确认买方是否存在向卖方或者有关方直接或者间接支付与进口货物有关的特许权使用费，且未包括在进口货物的实付、应付价格中。出口货物、加工贸易及保税监管货物（内销保税货物除外）免予填报。

2. 买方存在需向卖方或者有关方直接或者间接支付特许权使用费，且未包含在进口货物实付、应付价格中，并且符合《审价办法》第十三条的，在"支付特许权使用费确认"栏目填报"是"。

3. 买方存在需向卖方或者有关方直接或者间接支付特许权使用费，且未包含在进口货物实付、应付价格中，但纳税义务人无法确认是否符合《审价办法》第十三条的，填报"是"。

4. 买方存在需向卖方或者有关方直接或者间接支付特许权使用费，且未包含在进口货物实付、应付价格中，纳税义务人根据《审价办法》第十三条，可以确认需支付的特许权使用费与进口货物无关的，填报"否"。

5. 买方不存在向卖方或者有关方直接或者间接支付特许权使用费的，或者特许权使用费已经包含在进口货物实付、应付价格中的，填报"否"。

本栏目出口货物免予填报，加工贸易及保税监管货物（内销保税货物除外）免予填报。

（三）信息来源

本栏目属于与交易相关的信息，报关人员需要与委托单位确认后填报。

四十七、自报自缴

（一）含义

自报自缴是指进出口企业、单位向海关申报报关单及随附单证、税费电子数据，并自行缴纳税费的行为。

（二）填制规范

进出口企业、单位采用"自主申报、自行缴税"（自报自缴）模式向海关申报时，填报"是"；反之则填报"否"。

【填制示例及解析】

填制示例如图 2-111 所示。

XXXXXX有限公司（十八位信用代码XXXXXXXXXXXXXXXXXX，海关十位代码XXXXXXXXXX）委托某报关公司从盐田港（大鹏海关）申报出口“XXX”一批，产品为家用，境外品牌（其他），加热原理：电能转化热能，

境内货源地：佛山其他

中华人民共和国海关出口货物报关单

海关编号： 页码/页数：

出境关别		出口日期		申报日期		备案号
运输方式		运输工具名称及航次号		提运单号		
监管方式		征免性质		许可证号		
贸易国（地区）		运抵国（地区）		指运港		离境口岸
件数	毛重（千克）	净重（千克）	成交方式	运费	保费	杂费

型号	数量及单位	单价/总价/币制	原产国（地区）	最终目的国（地区）	境内货源地	征免

确认： 支付特许权使用费确认： 公式定价确认： 暂定价格确认： 自报自缴：

图 2-111 自报自缴

本栏目可在示例的背景资料中获取有效信息，由文字“××××××有限公司（十八位信用代码××××××××××××××××××，海关十位代码××××××××××）委托某报关公司从盐田港（大鹏海关）申报出口‘×××’一批”，可知该批出口货物为××××××有限公司委托某报关公司申报货物，故认定该货物非××××××有限公司自主申报，所以示例出口报关单中“自报自缴”栏目填报“否”。

四十八、申报单位

（一）含义

申报单位是指对申报内容的真实性直接向海关负责的企业或单位。

（二）填制规范

1. 自理报关的，填报进出口企业的名称及编码。

2. 委托代理报关的，填报报关企业名称及编码。编码填报 18 位法人和其他组织统一社会信用代码。

3. 报关人员填报在海关备案的姓名、编码、电话，并加盖申报单位印章。

【填制示例及解析】

填制示例如图 2-112 所示。

XXXXXX有限公司（十八位信用代码XXXXXXXXXXXXXXXXXX，海关十位代码XXXXXXXXXX）委托某报关公司从盐田港(大鹏海关）申报出口“XXX”一批，

产品为家用，境外品牌(其他)，加热原理：电能转化热能，

境内货源地：佛山其他

运输工具:海运班轮　船名：VATIAN　航次：2002E

载货清单号：XXXXXXXXXXXXX

提单号：XXXX01019020341

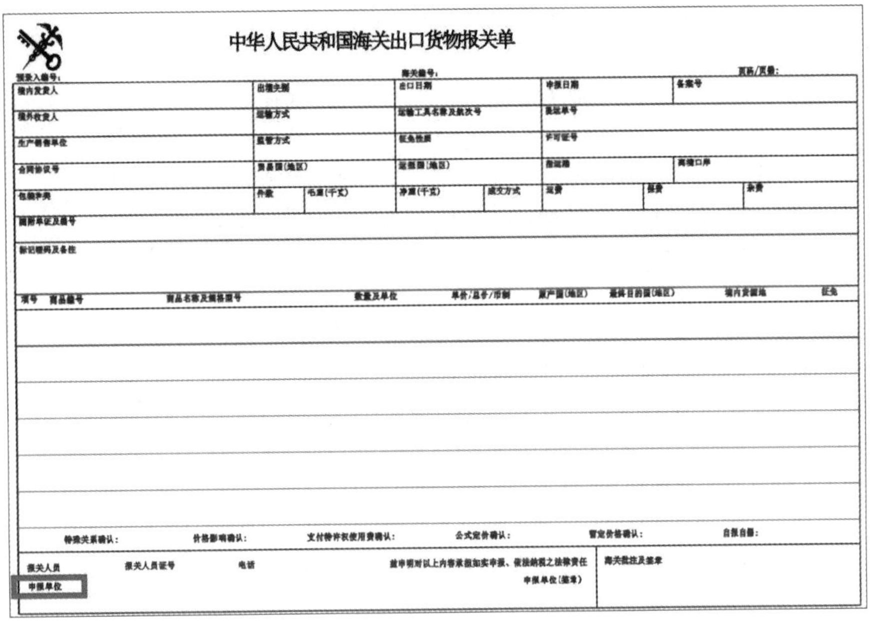
中华人民共和国海关出口货物报关单

预录入编号：　海关编号：　页码/页数：

境内发货人 | 出境关别 | 出口日期 | 申报日期 | 备案号

境外收货人 | 运输方式 | 运输工具名称及航次号 | 提运单号

生产销售单位 | 监管方式 | 征免性质 | 许可证号

合同协议号 | 贸易国(地区) | 运抵国(地区) | 指运港 | 离境口岸

包装种类 | 件数 | 毛重(千克) | 净重(千克) | 成交方式 | 运费 | 保费 | 杂费

随附单证及编号

标记唛码及备注

项号　商品编号　商品名称及规格型号　数量及单位　单价/总价/币制　原产国(地区)　最终目的国(地区)　境内货源地　征免

特殊关系确认：　价格影响确认：　支付特许权使用费确认：　公式定价确认：　暂定价格确认：　自报自缴：

报关人员　报关人员证号　电话　兹申明对以上内容承担如实申报、依法纳税之法律责任　海关批注及签章

申报单位　申报单位(签章)

图 2-112　申报单位

本栏目可在示例的背景资料中获取有效信息，由文字“××××××有限公司（十八位信用代码××××××××××××××××××，海关十位代码××××××××××）委托某报关公司从盐田港（大鹏海关）申报出口‘×××’一批”，可知该批出口货物为××××××有限公司委托某报关公司申报货物，所以该批货物出口申报单位为某报关公司，故示例中出口报关单中“申报单位”栏目填报“某报关公司”。

四十九、海关批注及签章

供海关作业时签注。

任务八 综合实训（1）

请根据给出的背景资料，根据已学内容填制空白报关单。

背景资料

惠州市联众进出口贸易有限公司（信用代码：914413005779238214，海关十位代码：4413963085）从盐田港（大鹏海关）出口"沙发"一批，不享惠，境内货源地为惠州其他，产品境外品牌（贴牌生产），商品编码为9401611000，家用，牛皮面，桉木框架，带软垫，Daun牌。电子底账号为478100220006244000。

已给出文件为合同、发票、装箱单，分别如图2-113、图2-114、图2-115所示。

请根据上述资料进行报关单填报（如图2-116所示）。

CONTRACT

(Date) :	2020/5/1
(Place) :	惠州
(Contract No.) :	20DC00501

买方（Buyer）： Dauning Co., Ltd.

地址（Address）： UNIT A, 8/F, NICHE CENTRE. NO.16 KOREA

TEL： 88726521

卖方（Sellers）：惠州市联众进出口贸易有限公司

地址（Address）： No.12, Yanda 1st Road, Huicheng District, Huizhou City

兹经双方同意由买方购进如下货物，并按下列条款签定本合同：

This contract is made by and between the Buyers and Sellers, whereby the Buyers agree to buy and the Sellers agree to sell the undermentioned commodity according to the terms and coditions stipulated below.

Name of Commodity and specifications		Quantity	Unit	(USD) Unit Price	(USD) Amount
沙发	9401611000	53.00	个	537.9050	28508.97
					28508.97

1. 交易条件： FOB SHENZHEN
2. 包装： 纸箱
3. 装运口岸： YIANTIAN
4. 目的地口岸： KOREA INCHEON
5. 装运期限： 2020年5月30前，允许分运及转运。
6. 保险： 买方承付
7. 付款条件： T/T
8. 运费：
9. 合同有效期限： 经双方签字盖章后生效。

买方buyer： Dauning Co., Ltd.

签字Signature：

卖方seller：惠州市联众进出口贸易有限公司

签字Signature：

图2-113 合同

INVOICE

TO: Dauning Co., Ltd.   Date: 2020/5/4
Address: UNIT A, 8/F, NICHE CENTRE. NO. 16 KOREA   Invoice No.:   20DC00501-1

序号	名称	数量	单位	币制	单价	金额
1	沙发	53.00	个	USD	537.9050	28508.97
合计:						28508.97

图 2-114 发票

PACKING LIST

TO: Dauning Co., Ltd.   Date: 2020/5/4
Address: UNIT A, 8/F, NICHE CENTRE. NO. 16 KOREA   Invoice No.:   20DC00501-1

序号	名称	CARTONS	QUANTITY	NET/WT（KG）	GROSS/WT（KG）
1	沙发	53.00	53.00	2126.50	2283.00
合计:		53.00	53.00	2126.50	2283.00

图 2-115 装箱单

中华人民共和国海关出口货物报关单

预录入编号：		海关编号：		页码/页数：	
境内发货人	出境关别	出口日期	申报日期		备案号
境外收货人	运输方式	运输工具名称及航次号	提运单号		
生产销售单位	监管方式	征免性质	许可证号		
合同协议号	贸易国(地区)	运抵国(地区)	指运港		离境口岸
包装种类	件数	毛重(千克)	净重(千克)	成交方式	运费	保费	杂费
随附单证及编号					
标记唛码及备注					

项号	商品编号	商品名称及规格型号	数量及单位	单价/总价/币制	原产国(地区)	最终目的国(地区)	境内货源地	征免

特殊关系确认：	价格影响确认：	支付特许权使用费确认：	自报自缴：	

报关人员 报关人员证号 电话	兹申明对以上内容承担如实申报、依法纳税之法律责任	海关批注及签章
申报单位	申报单位(签章)	

图 2-116 报关单

任务八 综合实训（2）

请根据给出的背景资料，根据已学内容填制空白报关单。

背景资料

上海市疾步进出口有限公司（信用代码：9131000013220712XD，海关十位代码：3106940901），于 2020 年 8 月 10 日从深圳宝安国际机场（深机场关）进口镜头一批，货物进境后存放于物流园区，送往上海市浦东新区，用于国内销售，境内目的地为上海浦东新区。

用于 ABN 牌航拍无人机，已装配，GHO20 型，材质为玻璃+橡胶外径：8.6mm，工作原理为光学成像，无牌，生产厂商为 GENIUS，客户未提供原产地证书，双方无特殊关系确认，货物无特许权使用费。

已提供文件为采购合同、发票、装箱单，分别如图 2-117、图 2-189、图 2-119 所示。

请根据上述资料进行报关单填报（如图 2-120 所示）。

PURCHASE CONTRACT

No: IN01-200628002
DATE: 2020/8/4

THE BUYERS: SHANGHAI QUICK STEP IMPORT AND EXPORT CO., LTD.

ADDRESS: ROOM 1014, 1476 PUDONG AVENUE, SHANGHAI

TEL:

THE SELLERS: GENIUS ELECTRONIC OPTICAL CO., LTD.
ADDRESS: 88-1201 ROUTE DE GISY 78140 VELIZY-VILLACOUBLAY, TAIWAN
TEL: 33-1-61452827

This Contract is made by and between the Buyers and the Sellers according to PSA FRAMEWORK

HS CODE	COMODITIES AND SPECIFICATIONS	UNIT	QUANTITY	UNIT PRICE(USD)	TOTAL AMOUNT (USD)
9002199010	镜头	个	40800	1.7620	71,889.60
				TOTAL VALUE:	71,889.60

Remark: Partial Shipment Is Allowed

1. COUNTRY OF ORIGIN :   TAIWAN
2. PACKING: CARTONS
3. SHIPPING MARK: Shipping mark shall be made in accordance with PSA's regular
4. TIME OF DELIVERY: 2020/8/13 前
5. PLACE OF DELIVERY: TAIWAN
6. PORT OF LOADING: TAIWAN
7. PORT OF DISCHARGE: SHENZHEN AIRPORT
8. PLACE OF DESTINATION: Shenzhen Plant
9. PAYMENT :The buyer shall pay the full contract amount by T/T.
10. DELIVERY: The payments shall be tendered CIP under INCOTERMS 2000.
11. Except those stipulated in this Contract, this Contract shall be governed by and implemented according to the PSA FRAMEWORK PARTS AND COMPONENTS SUPPLY AGREEMENT.
   In witness whereof, this Contract is signed by both Parties in six(6) originals in English and Chinese, each party holds one (1) copy and the other four (4) for customs clearance purpose.
   有鉴于此，双方签署本合同，一式六份，双方各执一份，其余四份用于报关。

ON BEHALF OF   ON BEHALF OF
THE BUYERS   THE SELLERS

图 2-117 采购合同

INVOICE

NO: IN01-200628002-1
Date: 2020/8/8
Contract No.: IN01-200628002

The Seller:

GENIUS ELECTRONIC OPTICAL CO.,LTD.

88-1201 ROUTE DE GISY 78140 VELIZY-VILLACOUBLAY,TAIWAN

Consignee:

SHANGHAI QUICK STEP IMPORT AND EXPORT CO., LTD.
ROOM 1014, 1476 PUDONG AVENUE, SHANGHAI

item No	Description of Goods	Origin	Quantity	Unit	Unit Price USD	Total Price USD
1	镜头	TAIWAN	40800	个	1.7620	71889.60
	Total:		40800			71889.60

Trade Terms: CIP SHENZHEN

图 2-118 发票

PACKING LIST

NO: IN01-200628002-1
Date: 2020/8/8

The Seller:

GENIUS ELECTRONIC OPTICAL CO.,LTD.

88-1201 ROUTE DE GISY 78140 VELIZY-VILLACOUBLAY,TAIWAN

Consignee:

SHANGHAI QUICK STEP IMPORT AND EXPORT CO., LTD.
ROOM 1014, 1476 PUDONG AVENUE, SHANGHAI

Description of Goods	Quantity	Unit	Net Weight(KG)	Gross Weight(KG)	packages
镜头	40800	个	37.17	65.00	9 CARTONS
TOTAL:	40800		37.17	65.00	9

Total Packages: 9 CARTONS

图 2-119 装箱单

中华人民共和国海关进口货物报关单

预录入编号：　　　　　　　　海关编号：　　　　　　　　页码/页数：

境内收货人	进境关别		进口日期		申报日期	备案号
境外发货人	运输方式		运输工具名称及航次号		提运单号	货物存放地点
消费使用单位	监管方式		征免性质		许可证号	启运港
合同协议号	贸易国(地区)		启运国(地区)		经停港	入境口岸
包装种类	件数	毛重(千克)	净重(千克)	成交方式	运费	保费	杂费

随附单证及编号
标记唛码及备注

项号	商品编号	商品名称及规格型号	数量及单位	单价/总价/币制	原产国(地区)	最终目的国（地区）	境内目的地	征免

特殊关系确认：　　　价格影响确认：　　支付特许权使用费确认：　　　自报自缴：

报关人员　报关人员证号　电话	兹申明对以上内容承担如实申报、依法纳税之法律责任	海关批注及签章
申报单位	申报单位(签章)	

图 2-120　报关单

项目三
案例解析

案例1 对外承包出口报关单填制案例解析

背景资料

×××公司签订了一份对外承包出口贸易订单，贸易方公司为×××公司安哥拉项目部，其与 aaa 公司为施工分包关系，现在该订单的相关货物需要办理出口报关手续，×××公司委托 bbb 公司进行出口的代理报关。

商品信息如下：

商品名称：PE 管配件；

商品编码为：3917400000；

商品单位为：只；

境内货源地为：深圳；

总货量：10100 方；

运抵国：安哥拉。

×××公司提供的文件如下：

对外承包工程资格证书，编号为 123456789，如图 3-1 所示；

委托书，如图 3-2 所示；

情况说明，如图 3-3 所示；

发票，如图 3-4 所示；

装箱单，如图 3-5 所示；

合同，如图 3-6 所示。

1. 对外承包工程资格证书

中华人民共和国
对外承包工程资格证书

编号：123456789

单位名称： ___XXX 公司_____

英文名称： ___XXX Co. Inc._____

经审核，同意经营本证书登记范围内的对外承包工程业务。

发证机关（公章）

二〇　　　年　　月　　日

图 3-1　对外承包工程资格证书

企业法人营业执照注册号或事业单位法人证书号	23681012345678	单位代码	1345667678
法定代表人	张三	单位类型	工程建设类
单位地址	南京市中山区		
注册资本或开办资金	1000 万元整		
经营范围	1.承包与其实际规模、业绩相适应的国外工程项目。		
	2.对外派遣实施上述境外工程所需的劳务人员。		
批准文号	[2010]外经贸发展审函字第 15800 号		
发证机关	江苏省商务厅		
监 督 检 查 情 况			
审查合格，同意换证	2015 年 05 月 21 日（公章）		
审查合格，同意换证	2020 年 05 月 11 日（公章）		

图 3-1　对外承包工程资格证书（续）

2. 委托书

代 理 报 关 委 托 书

编号：12345678910

我单位现　A　(A逐票、B长期)委托贵公司代理　B　等通关事宜。(A、填单申报 B、辅助查验 C、垫缴税款 D、办理海关证明联 E、审批手册 F、核销手册 G、申办减免税手续 H、其他) 详见《委托报关协议》。

我单位保证遵守《海关法》和国家有关法规，保证所提供的情况真实、完整、单货相符。否则，愿承担相关法律责任。

本委托书有效期自签字之日起至　2017　年　8　月　31　日止。

委托方（盖章）：

法定代表人或其授权签署《代理报关委托书》的人（签字）

2017 年 7 月 17 日

委 托 报 关 协 议

为明确委托报关具体事项和各自责任，双方经平等协商签定协议如下：

委托方	XXX 公司	被委托方	bbb 报关公司
主要货物名称		*报关单编码	No.
HS 编码	□□□□□□□□□	收到单证日期	2017 年 7 月 17 日
货物总价		收到单证情况	合同☑　　发票☑
进出口日期	2017 年 7 月 18 日		装箱清单☑　提（运）单□
提单号			加工贸易手册□　许可证件□
贸易方式	对外承包出口		其他
原产地/货源地		报关收费	人民币：　　　　元
其他要求：		承诺说明：	
背面所列通用条款是本协议不可分割的一部分，对本协议的签署构成了对背面通用条款的同意。		背面所列通用条款是本协议不可分割的一部分，对本协议的签署构成了对背面通用条款的同意。	
委托方业务签章：		被委托方业务签章：	
经办人签章： 联系电话：　　　2017 年 7 月 18 日		经办报关员签章： 联系电话：　　　2017 年 7 月 18 日	

（白联：海关留存、黄联：被委托方留存、红联：委托方留存）　　中国报关协会监制

图 3-2　委托书

3. 情况说明

情况说明

致尊敬的海关：

我公司现向贵关申报贸易方式为对外承包出口。

贸易方式：对外承包出口

合同号：hetonghao1234

总货量：10100 方

运抵国：安哥拉

资格证书号：3200201200007

工程名称：安哥拉比耶省希腾博供水系统改造项目

签署日期：2016 年 11 月 01 日

施工期限：2016 年 11 月01日—2017 年 08 月 01 日共 9 个月

此合同号 hetonghao1234 项下的货物将在今后的申报中使用通关无纸化申报。我司所述情况属实，提供的材料真实有效，无走私、违法行为并承担法律责任。

此致

敬礼

本印鉴仅限于xxx公司专用

2017 年 7 月 18 日

图 3-3 情况说明

4. 发票

COMMERCIAL INVOICE

INVOICE NO.：ABC1234
DATE：2017.07.13

SHIPPER: XXX Co.Inc.

ADD: NO. 168 NORTH ZHONGSHAN ROAD,NANJING,CHINA

TEL: 86025-88888888

CONSIGNEE: XXX Co.Inc.

ADD: DAIRRO ZONA VERDE,BENFICA,SAMBA,LUANDA,ANGOLA.

TEL: 00250-383353424

ORIGIN: CHINA   DESTINATION: LUANDA,ANGOLA

NO.	ITEM	H.S 编码	型号	UNIT 单位	QTY 数量	UNIT PRICE (USD)	AMOUNT (USD)
			FOB SHENZHEN				
1	PE 管配件 PE PIPE FITTINGS	3917400000		只	549		2525.45
	TOTAL			只	549		2525.45

图 3-4   发票

5. 装箱单

PACKING LIST

INVOICE NO.：ABC1234
DATE：2017.07.13

SHIPPER: XXX Co.Inc.

ADD: NO. 168 NORTH ZHONGSHAN ROAD,NANJING,CHINA

TEL: 86025-88888888

CONSIGNEE: XXX Co.Inc.

ADD: DAIRRO ZONA VERDE,BENFICA,SAMBA,LUANDA,ANGOLA.

TEL: 00250-383353424

ORIGIN: CHINA   DESTINATION: LUANDA,ANGOLA

NO.	ITEM	H.S 编码	型号	UNIT-PKGS	QTY	GROSS WEIGHT (KGS)	NET WEIGHT (KGS)	MEASUREMNT (m³)
1	PE 管配件 PE PIPE FITTINGS	3917400000		3	549.00	600.00	556.88	4.72
	TOTAL				549.00	600.00	556.88	4.72

图 3-5   装箱单

6. 合同（节选）

（合同号：hetonghao1234）

安哥拉比耶省希滕博供水系统改造项目

aaa 公司

和

XXX 公司

施工分包合同

二〇一六年十月

图 3-6　合同

目录

图 3-6 合同（续 1）

本合同项下乙方编制的所有图纸和文件的版权应属于甲方，但甲、乙双方应有权使用这些仅与合同相关的图纸和文件。

本合同是甲、乙双方的保密文件，未经双方许可，不得向第三方泄露，否则需承担由此引起的一切后果并赔偿由此引起的损失。

第二十七条　其他

对本合同的任何修改必须以书面形式做出，并经双方正式授权代表签字。

本合同正本一式四份，双方各执两份；副本四份，双方各执两份。正本和副本具有同等法律效力。

甲方（公章）	乙方（公章）
XXX 公司	aaa 公司
甲方代表签名：	乙方代表签名：
签字日期：2016 年 11 月 1 日	签字日期：2016 年 11 月 1 日

图 3-6　合同（续 2）

易错项目

一、监管方式栏

（一）规范填报

对外承包出口（3422）。

（二）易错点解析

此栏目为必填项。根据海关总署2019年第18号公告的要求，此栏目应根据实际贸易情形填报对应的监管方式。本案例中，货物为出口物品，并且是两个公司在合作工程中对外承包的物品。因此应按"对外承包出口"填报。

二、征免性质栏

（一）规范填报

一般征税（101）。

（二）易错点解析

对外承包工程项下出口的设备、材料、工程机械，需要用外汇核销单，贸易方式为对外承包出口，征免性质为一般征税或其他法定。而此案例中，为一般征税，因为它不涉及其他特殊的事项。

三、征免栏

（一）规范填报

照章征税（1）。

（二）易错点解析

"征免"栏目一般是和征免性质、监管方式有所关联。因此案例的征免性质为一般贸易，由此可得，"征免"栏目填报"照章征税（1）"。

四、境内货源地栏

（一）规范填报

深圳特区（44031）。

（二）易错点解析

"境内货源地"栏目应填报出口货物在国内的生产地/制造地或原始发货地。在背景资料中找到即可。

五、法定计量单位栏

（一）规范填报

只。

（二）易错点解析

当成交单位和法定计量单位不同时，法定计量单位是需要填报的。当成交单位和法定计量单位一致时，仅需填报成交单位。此案例成交单位和法定计量单位不同，且该物品的法定计量单位为"只"。

案例2　进料非对口出口报关单填制案例解析

背景资料

×××公司（18 位信用代码×××××××××××××××××××，海关 10 位代码××××××××××）与日本某公司达成交易签订出口合同，经双方协商后成交方式为 FOB XIAMEN，委托 ××报关公司从深关机场申报出口货物"发刷"一批。

商品信息如下：

梳头用，塑料制；

包装种类：纸箱；

非野生，境内品牌（其他）；

货源地：厦门特区。

×××公司提供的文件如下：

委托书，如图 3-7 所示；

发票，如图 3-8 所示；

通关手册，手册编号为 C37106450139，如图 3-9 所示；

装箱单，如图 3-10 所示。

1. 委托书

代 理 报 关 委 托 书

编号：□□□□□□□□□□

　　我单位现　__A__　(A 逐票、B 长期)委托贵公司代理 __A__ 等通关事宜。(A、填单申报 B、辅助查验 C、垫缴税款 D、办理海关证明联 E、审批手册 F、核销手册 G、申办减免税手续 H、其他) 详见《委托报关协议》。

　　我单位保证遵守《海关法》和国家有关法规，保证所提供的情况真实、完整、单货相符。否则，愿承担相关法律责任。

　　本委托书有效期自签字之日起至　2017　年　6 月　10 日止。

委托方（盖章）：

　　法定代表人或其授权签署《代理报关委托书》的人（签字）

2017 年 6 月 2 日

委 托 报 关 协 议

　　为明确委托报关具体事项和各自责任，双方经平等协商签定协议如下：

委托方	XXX 公司		被委托方	XX 报关公司	
主要货物名称	发刷		*报关单编码	No.	
HS 编码	XXXXXXXXXX		收到单证日期	2017 年 6 月 3 日	
货物总价			收到单证情况	合同☑	发票☑
进出口日期	2017 年 6 月 3 日			装箱清单☑	提（运）单□
提单号				加工贸易手册□	许可证件□
贸易方式	进料			其他	
原产地/货源地	厦门特区		报关收费	人民币	元
其他要求：			承诺说明：		
背面所列通用条款是本协议不可分割的一部分，对本协议的签署构成了对背面通用条款的同意。			背面所列通用条款是本协议不可分割的一部分，对本协议的签署构成了对背面通用条款的同意。		
委托方业务签章：			被委托方业务签章：		
经办人签章： 联系电话：　　　　　2017 年 6 月 2 日			经办报关员签章： 联系电话：　　　　　2017 年 6 月 2 日		

（白联：海关留存、黄联：被委托方留存、红联：委托方留存）　　　　中国报关协会监制

图 3-7　委托书

2. 发票

INVOICE

日期：2017-6-1

出口单位：XXX 公司

地址：66, FANG HU NORTH 2 ROAD, HULI DISTRICT, XIAMEN, FUJIAN, CHINA

传真：

电话：

出货港：XIAMEN, CHINA

价格条件：FOB XIAMEN

发票号码：XIN2-170600007

海关十位数编码：3502140184

原产地：厦门特区

海关手册号：

到货港：NAGOYA, JAPAN

订单号 ORDER	件数 PACKAGE	货名 DESCRIPTION	数量 QUANTITY	单价 UNIT PRICE	金额 AMOUNT
XTA1-170600001	8 CTNS	Item No.： 1510U (1510)	1,800 PCS	RMB 2.5261	RMB 4,546.98
总计	8 CTNS		1,800 PCS		RMB 4,546.98

Say Toal:RMB FOUR THOUSAND FIVE HUNDRED FORTY-SIX AND NINETY-EIGHT CENTS ONLY

图 3-8 发票

3. 通关手册

通关手册					
企业内部编号	YH054	手册编号	C37106450139	手册类型	进料加工
主管海关	厦高崎办	主管外经贸	厦门市外经贸委	收货地区	厦门特区
经营单位	XXXXXXXXX	XXX 公司		加工单位	XXXXXXXXX	XXX 公司
外商公司		外商经理人		贸易方式	进料非对口
征免性质	进料加工	起抵地		成交方式	
内销比	0	协议号		许可证号	
批准文号	1111	进口合同	YHJ-981603	出口合同	YHC-981603
备案进口总额	3048125.3537	进口币制	美元	备案出口总额	10473502.98
出口币制	美元	加工种类	塑料制品	保税方式	
有效日期	2017-10-31	进出口岸	厦门关区/深圳海关/宁波海关/上海海关/霍尔果斯海关/武汉海关/郑州海关/成都海关/盐城海关	进口货物项数	21
本次进口总额	0	出口货物项数	610	本次出口总额	0
处理标志	修改	管理对象	以加工单位为管理对象	录入日期	2016-11-9
申报日期	2017-5-8	单耗申报环节	备案	备注	
合账银行	中国银行				

图 3-9 通关手册

4. 装箱单

PACKING WEIGHT LIST

INVOICE NO.: XIN2-170600007   DATE: 2017/6/1
PACKING LIST OF :
ADDRESS:

SHIPPED PER:

FROM: TO: NAGOYA,JAPAN

PACKING NO.		DESCRIPTION	QUANTITY	NET WEIGHT	GROSS WEIGHT
1	7	Item No. 1510U (1510)	240 PCS 1680 PCS	4.80 KGS 33.60 KGS	8.64 KGS 60.48 KGS
8	8	Item No. 1510U (1510)	120 PCS 120 PCS	4.80 KGS 4.80 KGS	8.64 KGS 8.64 KGS
TOTAL:	8	CTNS	1,800 PCS	38.40 KGS	69.12 KGS

图 3-10 装箱单

易错项目

一、监管方式栏

（一）规范填报

进料非对口（0715）。

（二）易错点解析

该栏目在委托书和背景资料中查找，有时可以从备案号中判断，没有相关信息的需要报关人员与委托单位联系获取信息，该案例在委托书中已经具体给出，则该栏目填报"进料非对口（0715）"。

二、包装种类栏

（一）规范填报

纸箱（2）。

（二）易错点解析

本栏目应根据进出口货物的实际外包装种类和材质，按海关规定的"包装种类代码表"选择填报相应的包装种类代码。通常在提单、装箱单中查找信息。该案例中装箱单显示包装种类为CTNS，意思是纸箱，故该栏目填报"纸箱（2）"。

三、备案号栏

（一）规范填报

C37106450139。

（二）易错点解析

本栏目填报进出口货物收发货人、消费使用单位，以及生产销售单位在海关办理加工贸易合同备案或征、减、免税备案审批等手续时核发的加工贸易手册、海关特殊监管区域和保税监管场所保税账册、征免税证明或其他备案审批文件的编号。填报该栏目时需要去背景资料中查找是否有相关文件，有则需要填报该文件的编号。该案例中监管方式为进料非对口，且在通关手册中已给出手册编号的信息，故该栏目填报"C37106450139"。

四、指运港栏

（一）规范填报

日本（JPN）。

（二）易错点解析

指运港填报出口货物运往境外的最终目的港；最终目的港不可预知的，按尽可能预知的目的港填报。

背景资料显示货物直接飞往日本机场，没有具体给出港口名称，只能填报日本国别及代码，则该栏目填报"日本（JPN）"。

五、原产国（地区）栏

（一）规范填报

中国（CHN）。

（二）易错点解析

原产国（地区）是指进出口货物的生产、开采或加工制造的国家。应按海关规定的"国别（地区）代码表"填报相应的国家（地区）名称及代码。

该栏目填报货物的原产国（地区），该案例货源地是我国的厦门特区，故该栏目填报"中国（CHN）"。

案例3　其他贸易出口报关单填制案例解析

背景资料

×××公司（18位信用代码×××××××××××××××××××，海关10位代码××××××××××）与日本AAA公司签订了出口×××××的合同。合同号为20170431。现货物需办理出口报关手续，×××公司委托××报关公司从××机场（皇岗海关）申报出口货物"×××××"一批，货源地为深圳特区。装运在名称为×××××，航次为333的飞机运往日本的日本机场，航空运单总运单号为5432116789，分运单号为987601234，这批货物的运费为129.6美元。×××公司为获准临时进出口货物，没有对外贸易经营资格，监管方式为其他贸易（9739），对应征免性质为一般征税（101）。

出口商品的信息如下：

商品名称：×××××；

商品编码：××××××××××；

境内品牌（其他）。

×××公司提供的文件信息如下：

委托书，如图3-11所示；

合同，如图3-12所示；

发票，如图3-13所示；

装箱单，如图3-14所示。

1. 委托书

代 理 报 关 委 托 书

编号：□□□□□□□□□□

我单位现　A　(A 逐票、B 长期)委托贵公司代理 A 等通关事宜。(A、填单申报 B、辅助查验 C、垫缴税款 D、办理海关证明联 E、审批手册 F、核销手册 G、申办减免税手续 H、其他　) 详见《委托报关协议》。

我单位保证遵守《海关法》和国家有关法规，保证所提供的情况真实、完整、单货相符。否则，愿承担相关法律责任。

本委托书有效期自签字之日起至　2017　年 9 月 30 日止。

委托方（盖章）：

法定代表人或其授权签署《代理报关委托书》的人（签字）

2017 年 9 月 7 日

委 托 报 关 协 议

为明确委托报关具体事项和各自责任，双方经平等协商签定协议如下：

委托方	XXX 公司	被委托方		XX 报关公司	
主要货物名称	XXXXX	*报关单编码		No.	
HS 编码	XXXXXXXXXX	收到单证日期		年 月 日	
货物总价		收到单证情况	合同☑		发票☑
进出口日期	年 月 日		装箱清单☑		提（运）单☑
提单号	1220447804		加工贸易手册□		许可证件□
贸易方式			其他		
原产地/货源地		报关收费	人民币		元
其他要求：		承诺说明：			
背面所列通用条款是本协议不可分割的一部分，对本协议的签署构成了对背面通用条款的同意。		背面所列通用条款是本协议不可分割的一部分，对本协议的签署构成了对背面通用条款的同意。			
委托方业务签章：		被委托方业务签章：			
经办人签章： 联系电话：　　　　2017 年 9 月 7 日		经办报关员签章： 联系电话：　　　　2017 年 9 月 7 日			

（白联：海关留存、黄联：被委托方留存、红联：委托方留存）　　中国报关协会监制

图 3-11　委托书

2. 合同

CONTRACT

卖方 Seller	XXX公司		合同号码 Contract No.	20170431
地址 Address	X省X市X街		日期 Date	2017/4/31
电话 Telephone		传真 Fax	签约地点 Signed at	深圳
买方 Buyer	AAA公司			
地址 Address	A省A市A街			
电话 Telephone		传真 Fax		

经买卖双方确认根据下列条款订立合同：

This contract is made by and between the Buyer and Seller, whereby the buyer agrees to buy and the seller agrees to sell the goods according to the under-mentioned and conditions.

货物名称及规格 Name of commodity and specification	净重 Net weight （KGS）	数量 Quantity	单价（美元） Unit price (USD)	金额（美元） Amount (USD)
××××　C902390	2.3	2	2289.60	4579.20
			CPT TOKYO Total(USD):4579.20	

数量及总值允许有5%的增减
With 5% more or less both in amount and quantity allowed

图 3-12　合同

3. 发票

XXX公司

发票

XXX公司
X省X市X街

Bill To: AAA公司
地址：A省A市A街

发票号码：	XXXXXXX	合同号：	20170431
成交条款：		预计到货日：	
运输模式：	Air	出发地：	深圳

项目	产品描述(货名、规格型号、品牌等) Name of commodity and specification	数量 Quantity	金额（美元） Amount (USD)
1	XXXXX C902390	2个	4579.20
总计		2个	4579.20

图 3-13 发票

4. 装箱单

PACKING LIST

Messers:	AAA公司	Date	
Order No.:		Invoice No.:	XXXXXXX
Shipped per:	Air	Contract No.:	20170431
Shipped From:	SHENZHEN	Shipped To:	XXXXX

货物名称及规格 Name of commodity and specification		净重 Net weight	数量 Quantity	金额（美元） Amount (USD)
XXXXX	C902390	2.30	2	4579.20

Total Of Package: 1 CARTON

Net weight : 2.30KGS
Gross weight: 2.80KGS

图 3-14 装箱单

易错项目

一、监管方式栏

(一) 规范填报

其他贸易 (9739)。

(二) 易错点解析

该栏目可在委托书和背景资料中查找，有时可以从备案号中判断，没有相关信息的需要报关人员与委托单位联系获取信息。该案例在背景资料中已经具体给出，则该栏目填报"其他贸易 (9739)"。

二、征免性质栏

(一) 规范填报

一般征税 (101)。

(二) 易错点解析

根据实际情况按海关规定的"征免性质代码表"选择填报相应的征免性质简称及代码，持有海关核发的征免税证明的，应按照征免税证明中批注的征免性质填报。

该栏目可在委托书和背景资料中查找，有时可以从备案号中判断，没有相关信息的需要报关人员与委托单位联系获取信息。该案例在背景资料中已经具体给出，则该栏目填报"一般征税 (101)"。

三、运费栏

(一) 规范填报

3/129.6/USD。

(二) 易错点解析

填报进口货物运抵我国境内输入地点起卸前的运输费用，出口货物运至我国境内输出地点装载后的运输费用。

该栏目通常在背景资料、提单或发票"Freight"栏会给出，该栏目在背景资料中给出运费为 129.6 美元，该栏目填报为"3/129.6/USD"（该栏目与成交方式存在一定的逻辑关系，进口成交方式为 FOB、FCA、EXW 或出口成交方式为 CIF、CFR、CPT、DDP 的，应在本栏填报运费；成交方式 EXW 在出口货物运至境内输出地点前的运费，可以填报在"杂费"栏。进口货物成交价格包含前述运输费用或者出口货物成交价格不包含前述运输费用的，本栏目免予填报）。

四、提运单号栏

(一) 规范填报

5432116789_987601234。

(二) 易错点解析

本栏目在该案例中可在背景资料里找到，为航空运单，该栏目填报为"5432116789_987601234"。

五、征免栏

（一）规范填报

照章征税（1）。

（二）易错点解析

按照海关核发的征免税证明或有关政策规定，对报关单所列每项商品选择海关规定的"征减免税方式代码表"中相应的征减免税方式填报。

该栏目和监管方式、征免性质存在相应的逻辑关系，该案例中监管方式为其他贸易，对应的征免性质为一般征税，根据国际贸易"单一窗口"中所给出的监管方式逻辑关系表可得出其他贸易所对应的征免为"照章征税（1）"。

案例4 退运货物出口报关单填制案例解析

背景资料

　　××××××××××××有限公司（18位信用代码××××××××××××××××××，海关10位代码××××××××××）和××××××××××××××.Ltd签订了××××××货物合同。现货物有瑕疵需办理退运手续，委托bbb报关公司从深关机场申报出口"××××××"一件，出境口岸为深关机场。

　　商品信息如下：

　　商品名称：××××××；

　　商品数量：1；

　　商品单位：台；

　　包装种类：纸箱；

　　原产地：德国；

　　币制：欧元。

　　××××××××××××有限公司提供的通关文件信息如下：

　　检验证书，编号为××××××××××××，如图3-15所示；

　　发票，如图3-16所示；

　　装箱单；如图3-17所示；

　　委托书，如图3-18所示。

1. 检验证书

地址：XXXXXXXXXX　　　　证书编号：XXXXXXXXXXX

电话：XXXXXXXXXXX　　　　签证日期 Date：2017 年 08 月 24 日

检 验 证 书

申请人：XXXXXXXXXXXX 有限公司

报验货物品名：XXXXXX

报验数量/重量：共 1 台

申请退货原因：上述 XXXXXX 扫描图像不清晰的质量问题，已无法正常使用。

检验日期　：2017 年 08 月 22 日

检验地点　：深圳市 XX 区 XXXXXX

　　应申请人要求，我司派员于上述时间、地点对申报货物进行现场检验，并核对相关证明文件，结果如下：

1. 货物品名：XXXXXX

2. 货物数量：共 1 台

3. 包装方式：纸箱

4. 检验结论：经现场检验，发现上述 XXXXXX 存在摄像头不清晰的质量问题，已无法正常使用。

备　注：1) 上述货物为 XXXXXX，成套散件

　　　　2) 此证书仅适用于办理货物报关手续，无其他用途。

　　　　3) 本证书自签发之日起 60 天内有效。

(证书印章) 审核人：　　　　　　　　　签名_____

工商注册号码：XXXXXXXXXX

图 3-15　检验证书

2. 发票

INVOICE

合同编号(Contract NO.):123456

TO：XXXXXXXXXXXX 有限公司

日　期 (Date):2017-08-11

收货单位（Consignee）:XXXXXXXXXXXX有限公司

项目 (Item)	货物名称(Description)	产地 (Origin)	数量 (Quantity)	单位 (Unit)	币种 (Currency)	单价(欧元) (Unit Price EUR)	总价(欧元) (Total EUR)
1	XXXXXX	德国	1	台	欧元 EUR	2230.00	2230.00
							FOB 深圳
总计 (TOTAL)		1					2230.00

图 3-16　发票

3. 装箱单

装 箱 单

TO: XXXXXXXXXXXX 有限公司

合同编号: 123456
日 期: 2017-08-11

项目	货物名称	数量	单位	箱数	包装种类	托盘数	托盘类型	LOC	箱号	净重 (KG)	毛重 (KG)
1	XXXXXX 产地: 德国	1	台	1	纸箱				S321	64	77
	总计	1		1						64	77

图 3-17 装箱单

4. 委托书

代 理 报 关 委 托 书

编号：☐☐☐☐☐☐☐☐☐☐

　　我单位现　A　(A逐票、B长期)委托贵公司代理　A　等通关事宜。（A、填单申报B、
辅助查验C、垫缴税款D、办理海关证明联E、审批手册F、核销手册G、申办减免税手续H、
其他　）详见《委托报关协议》。

　　我单位保证遵守《海关法》和国家有关法规，保证所提供的情况真实、完整、单货相符。
否则，愿承担相关法律责任。

　　本委托书有效期自签字之日起至　2017　　年　12　月　3　日止。

委托方（盖章）：

法定代表人或其授权签署《代理报关委托书》的人（签字）

2017 年 8 月 28 日

委 托 报 关 协 议

为明确委托报关具体事项和各自责任，双方经平等协商签定协议如下：

委托方	XXXXXXXXXXXX 公司	被委托方	bbb 报关公司深圳	
主要货物名称	XXXXXX	*报关单编码	No.	
HS 编码	☐☐☐☐☐☐☐☐☐	收到单证日期	2017 年 8 月 28 日	
货物总价	EUR2230	收到单证情况	合同☑	发票☑
进出口日期	2017年 8 月 28 日		装箱清单☑	提（运）单☐
提单号			加工贸易手册☐	许可证件☐
贸易方式	退运货物		其他	
原产地/货源地	德国	报关收费	人民币　　　元	

其他要求：　　　　　　　　　承诺说明：

背面所列通用条款是本协议不可分割的一部分，对本协议的签署
构成了对背面通用条款的同意。

委托方业务签章：　　　　　　　被委托方业务签章：

经办人签章：　　　　　　　　　经办报关员签章：
联系电话：　　　　年 月 日　　联系电话：　　　年 月 日

（白联：海关留存、黄联：被委托方留存、红联：委托方留存）　　中国报关协会监制

图 3-18　委托书

易错项目

一、监管方式栏

（一）规范填报

退运货物（4561）。

（二）易错点解析

退运进出口货物是指原进出口货物因残损、缺少、品质不良、规格不符、延误交货或其他原因退运出、进境的货物，监管方式代码为"4561"，简称"退运货物"。

退运货物进出口时，应随附原出（进）口货物报关单，并将原出（进）口货物报关单号填报在"标记唛码及备注"栏内。

二、征免性质栏

（一）规范填报

其他法定（299）。

（二）易错点解析

根据实际情况按海关规定的"征免性质代码表"选择填报相应的征免性质简称及代码，持有海关核发的征免税证明的，应按照征免税证明中批注的征免性质填报。

本栏目与监管方式存在相对应的逻辑关系，本案例中监管方式为退运货物，所对应的征免性质为其他法定（299），故本栏目填报"其他法定（299）"。

三、征免栏

（一）规范填报

全免（3）。

（二）易错点解析

按照海关核发的征免税证明或有关政策规定，对报关单所列每项商品选择海关规定的"征减免税方式代码表"中相应的征减免税方式填报。

根据监管方式与征免性质的逻辑关系，本案例中的监管方式为退运货物，征免性质为其他法定，其本案例中对应的征免填报全免。所以本栏目填报"全免（3）"。

四、备注栏

（一）规范填报

退运货物，检验证书编码×××××××××××××，退运货物存在瑕疵。

（二）易错点解析

标记唛码是运输标志的俗称。进出口货物报关单上标记唛码专指货物的运输标志。货物标记唛码英文表示有 Marks、Marking、MKS、Marks & No.、Shipping Marks 等，通常是由一个简单的几何图形和一些字母、数字及简单的文字组成，包含收货人代号、合同号和发票号、目的地、原产国（地区）、最终目的国（地区）、目的港或中转港和件数号码等内容。

标记唛码及备注是指除按报关单固定栏目申报进出口货物有关情况外，需要补充或特别说明的事项，包括关联备案号、关联报关单号，以及其他需要补充或特别说明的事项。

本栏目可在检验证书中找到，先备注"退运货物"再填报"检验证书的编码××××××××××××"，再填报检验结论也就是"退运货物存在的问题"。

五、包装种类栏

（一）规范填报

纸箱（2）。

（二）易错点解析

填报进出口货物的所有包装材料，包括运输包装和其他包装，按海关规定的"包装种类代码表"选择填报相应的包装种类名称及代码。运输包装指提运单所列货物件数单位对应的包装，其他包装包括货物的各类包装，以及植物性铺垫材料等。

本栏目应根据进出口货物的实际外包装种类和材质，按海关规定的"包装种类代码表"选择填报相应的包装种类代码。

本栏目可在检验证书中找到，资料所显示包装方式为纸箱，所以"包装种类"栏目填报"纸箱（2）"。

案例 5 其他进出口免费货物出口报关单填制案例解析

背景资料

2018 年 1 月 20 日 AAA 公司与×××公司签订进口××的合同，×××公司（18 位信用代码：××××××××××××××××××，海关 10 位代码：××××××××××）委托 BBB 公司（18 位信用代码：××××××××××××××××××，海关 10 位代码：××××××××××）于 2018 年 2 月 4 日从皇岗海关申报出口货物一批；该批货物属于免费样品。

商品信息如下：

商品名称：××；

商品编码：××××××××××；

享惠情况：享受优惠关税；

商品品牌：无品牌；

商品规格：卷材；C2680；厚>0.15MM，宽<300MM。

×××公司提供的文件信息如下：

委托书，如图 3-19 所示；

购销合同，如图 3-20 所示；

装箱单，如图 3-21 所示；

发票，如图 3-22 所示。

1. 委托书

代 理 报 关 委 托 书

编号：☐☐☐☐☐☐☐☐☐☐

　　我单位现　A　　(A 逐票、B 长期)委托贵公司代理　A　　等通关事宜。（A、填单申报 B、辅助查验 C、垫缴税款 D、办理海关证明联 E、审批手册 F、核销手册 G、申办减免税手续 H、其他 ）详见《委托报关协议》。

　　我单位保证遵守《海关法》和国家有关法规，保证所提供的情况真实、完整、单货相符。否则，愿承担相关法律责任。

　　本委托书有效期自签字之日起至　2018　年 5 月 2 日止。

委托方（盖章）：

法定代表人或其授权签署《代理报关委托书》的人（签字）

2018 年 1 月 30 日

委 托 报 关 协 议

为明确委托报关具体事项和各自责任，双方经平等协商签定协议如下：

委托方	XXX公司	被委托方	BBB 公司
主要货物名称		*报关单编号	No.
HS 编码	XXXXXXXXXX	收到单证日期	2018 年 1 月 30 日
货物总价	USD1202.70	收到单证情况	合同☑　发票☑ 装箱清单☑　提（运）单☐ 加工贸易手册☐　许可证件☐
进出口日期	2018 年 1 月 30 日		其他
提单号			
贸易方式	其他进出口	报关收费	人民币：　　　元
原产地/货源地	中国		
其他要求：		承诺说明：	
背面所列通用条款是本协议不可分割的一部分，对本协议的签署构成了对背面通用条款的同意。		背面所列通用条款是本协议不可分割的一部分，对本协议的签署构成了对背面通用条款的同意。	
委托方业务签章： 经办人签章： 联系电话：　　　　年　月　日		被委托方业务签章： 经办报关员签章： 联系电话：　　　　年　月　日	

（白联：海关留存、黄联：被委托方留存、红联：委托方留存）　　　中国报关协会监制

图 3-19　委托书

2. 合同

SALES CONTRACT

买方：AAA 公司 合同号码：XXXXXXXX

地址：XX 市 XX 街道 签约地点：东莞

电话(TEL):XXXXXXXXXXX 签约日期：2018-1-20

卖方：XXX 公司

地址： X 市 X 街

电 话(TEL):XXXXXXXXXXX

传真(FAX):XXXXXXXXXXX

货物名称及规格	数量(KG)	单价 USD	总价 USD	目的国
XX/带/卷材/铜 70.63% 铁 0.017%铅 0.0017%锌 29.35%/厚>0.15MM/宽 <300M；无品牌；C2680/享惠情况:享受优惠关税	158	7.612	1202.70	印度尼西亚
合 计：	158		1202.70	

(1)成交方式：FOB；

(2)装运时间：2018-2-8；

(3)付款条件：免费样品；

(4)保险：由卖方自行安排投保；

(5)不可抗力：由于人力不可抗拒事故，使卖方全部或部分不能履行合同，卖方不负责任；

(6)仲裁：凡因执行本合同所发生的一切争议，双方应通过协商友好解决，如协商不能解决，当提交中国国际贸易促进委员会对外经济贸易仲裁委员会进行仲裁；

(7)补充条款：本合同正本共 2 份，签订后即生效，双方各执一份为凭。

卖方(签章)：   买方(签章)：

图 3-20 购销合同

3. 装箱单、发票

PACKING LIST

TO: AAA 公司

发票号码:

INVOICE NO.：XXXXXXXX

订单或合约号码:

地址：XX 市 XX 街道

SALES CONFIRMATION NO.： XXXXXXXX

日期:

DATE：2018-2-2

序号	H.S 编码	品名规格		数量(KG)	件数	毛重	净重
NO.		DESCRIPTION&SPEC（MM）		QUANTITY	PACKAGE	G.W.(KG)	N.W.(KG)
1	XXXXXXXXX	XX/带/卷材/铜 70.63% 铁 0.017%铅 0.0017%锌 29.35%/厚 >0.15MM/宽 < 300MM；无品牌；C2680/享惠情况：享受优惠关税		158	1	173.00	158.00
				158	1	173	158

图 3-21　装箱单

INVOICE

TO: AAA公司
　　XX市XX街道

INVOICE NO.：　XXXXXXXX
INVOICE DATE：　FEB.02,2018

FROM:广东东莞　　　　　TO:印度尼西亚　　　　运输方式：公路运输　　　　BY: /XXXXXXXXXXXXX

MARKS AND NUMBERS	DESCRIPTION OF GOODS	QUANTITY	UNIT PRICE	PRICE	G.W.	N.W.
N/M	XX/带/卷材/铜70.63% 铁 0.017% 铅0.0017% 锌29.35%/厚 >0.15MM/宽<300MM；无品牌；C2680/享惠情况：享受关税	158	7,612USD	1203USD	173KGS	158KGS
	TOTAL:	158KGS		1203USD	173 KGS	158KGS

图 3-22　发票

易错项目

一、进出境关别栏

（一）规范填报

皇岗海关（5301）。

（二）易错点解析

根据货物实际进出境的口岸海关，即进口货物最初抵达我国国境的第一个口岸，出口货物最终离开我国国境的最后一个口岸，填报海关规定的"关区代码表"中相应口岸海关的名称及代码。

本案例的背景资料中已给出了出境关别的详细信息，填入即可。故本栏目填报"皇岗海关（5301）"。

二、征免性质栏

（一）规范填报

一般征税（101）。

（二）易错点解析

一般情况，根据实际情况按海关规定的"征免性质代码表"选择填报相应的征免性质简称及代码，持有海关核发的征免税证明的，应按照征免税证明中批注的征免性质填报。

本案例中该栏目可由上一栏的监管方式"其他进出口免费"推导出该栏目的征免性质为一般征税。故本栏目填报"一般征税（101）"。

三、经停港/指运港栏

（一）规范填报

印度尼西亚（112）。

（二）易错点解析

经停港填报进口货物在运抵我国关境前的最后一个境外装运港。指运港填报出口货物运往境外的最终目的港；最终目的港不可预知的，按尽可能预知的目的港填报。

因为本案例为出口单，所以需填报指运港。填写货物的最终目的地，即货物最终到达的境外国家（地区），可在合同、装箱单、提单等资料中找出。本栏目填报"印度尼西亚（112）"。

四、原产国（地区）栏

（一）规范填报

中国（CHN）。

（二）易错点解析

原产国（地区）是指进出口货物的生产、开采或加工制造的国家（地区）。

本栏目应按海关规定的"国别（地区）代码表"填报相应的国家（地区）名称及代码。

本案例为出口单，货物由中国制造，中国是货物生产、开采的、加工制作的国家（地区），所以本栏目填报"中国（CHN）"。

五、征免栏

（一）规范填报

照章征税（1）。

（二）易错点解析

按照海关核发的征免税证明或有关政策规定，对报关单所列每项商品选择海关规定的"征减免税方式代码表"中相应的征减免税方式填报。

本栏目与"监管方式""征免性质"为关联栏目，因为本案例前面的"监管方式"为"其他进出口免费"、"征免性质"为"一般征税"，所以这里"征免"栏目可以填报"照章征税（1）"。

案列 6 维修物品出口报关单填制案例解析

背景资料

AAA 公司和×××公司做了××××××交易，现在货物外观脏污，不良比例较高，需要办理维修物品手续；现委托××××公司代理出口报关；该批货物的成交方式经双方协商定为 FOB；货物运输包装将使用纸箱；该批货物原产地为美国。

商品信息如下：

商品名称：××××××；

商品编码：××××××××××；

品牌：GCS 牌；

型号：无型号；

数量：19981 个；

单价：3.20；

总价：63939.20USD。

AAA 公司提供的通关文件信息如下：

委托书，如图 3-23 所示；

合同，如图 3-24 所示；

维修协议，协议号：××××××××××，如图 3-25 所示；

发票，如图 3-26 所示；

装箱单，如图 3-27 所示；

检验证书，证书编号：××××××××××，如图 3-28 所示。

1. 委托书

委 托 报 关 委 托 书

编号：□□□□□□□□□□

我单位现 **A** (A逐票、B长期)委托贵公司代理 **A** 等通关事宜。（A、填单申报B、
辅助查验C、垫缴税款D、办理海关证明联E、审批手册F、核销手册G、申办减免税手续H、
其他 ）详见《委托报关协议》。

我单位保证遵守《海关法》和国家有关法规，保证所提供的情况真实、完整、单货相符。
否则，愿承担相关法律责任。

本委托书有效期自签字之日起至 **2017** 年 **12** 月 **31** 日止。

委托方（盖章）：

法定代表人或其授权签署《代理报关委托书》的人（签字）

2017 年 11 月 16 日

委 托 报 关 协 议

为明确委托报关具体事项和各自责任，双方经平等协商签定协议如下：

委托方	AAA 公司	被委托方	XXXXX 公司
主要货物名称	XXXXXX	*报关单编码	No.
HS 编码	XXXXXXXXXX	收到单证日期	年 月 日
货物总价		收到单证情况	合同☑ 发票☑
进出口日期	2017年 11 月 16 日		装箱清单☑ 提（运）单☑
提单号			加工贸易手册☑ 许可证件☐
贸易方式	修理物品		其他
原产地/货源地		报关收费	人民币： 元
其他要求：		承诺说明：	
背面所列通用条款是本协议不可分割的一部分，对本协议的签署构成了对背面通用条款的同意。		背面所列通用条款是本协议不可分割的一部分，对本协议的签署构成了对背面通用条款的同意。	
委托方业务签章：		被委托方业务签章：	
经办人签章： 联系电话： 年 月 日		经办报关员签章： 联系电话： 年 月 日	

（白联：海关留存、黄联：被委托方留存、红联：委托方留存）　　　　中国报关协会监制

图 3-23　委托书

2. 合同

CONTRACT

编号：　　　　　　　　　　　　　日期：
Number: XXXXXXXXX　　　　　　　Date:

卖方：　　　　　　　　　　　　　电话：
The Seller: XXX 公司　　　　　　Tel:XXX-XXXXX-XXXXX
地址：　　　　　　　　　　　　　传真：
Address: X 省，X 市，X 街　　　　Fax:XXX-XXXXXXX

买方：　　　　　　　　　　　　　电话：
The Buyer: AAA 公司　　　　　　　Tel:XXX-XXXXX-XXXXX
地址：　　　　　　　　　　　　　传真：
Address: A 省,X 市，X 街　　　　　Fax:XXX-XXXXXXX

经双方协商同意按下列条款买方向卖方购买如下货物：
This contract is made by and between the Buyer and the Seller, whereby the Buyer agrees to buy and the Seller agrees to sell the undermentioned commodity according to the terms and conditions stipulated below.

货号 No.	货物名称及规格 Description	数量 Quantity		单价 Unit	总价 (USD) Amount
1	XXXXXX	19981	个	3.20	63,939.20
合 计：Total			USD		63,939.20

合同总值：　　　　　　　　　　　价格条款：
Total Contract Value:　　　　　　Terms: FOB
美元 63,939.20
包装：　　　　　　　　　　　　　交货期：
Packing: 纸箱　　　　　　　　　　Time of Delivery: 2017 年 11 月 19 日 前
装运口岸：　　　　　　　　　　　到货口岸：
Part of loading: 深圳　　　　　　Port of Discharging: 台湾
原产地：　　　　　　　　　　　　运费由买方负责
Country of Origin: 美国
保险条款：
Insurance Terms:由买方负责

买方盖章：

图 3-24　合同

3. 维修协议

REPAIR AGREEMENT

协议号: XXXXXXXXX

Contract: XXXXXXXXX

日 期：2 0 1 7 - 1 0 - 2 6

Date:10-26-2017

甲方：AAA公司

Party A： AAA.,Ltd.

乙 方： XXX 公司

Party B： XXX Co.

甲、乙双方友好、平等磋商、达成如下协议：

The under signed Party A and Party B have confirmed this contract in according

with the items and Conditions stipulated below：

1.乙方销售给甲方以下货品，由于使用过程中出现问题要求退回维修，乙方应尽快安排检测，如需要收费需要甲方同意。

The following products proved to be produced by Party B, which need return for repairing Party B should check the problem asap.

Item	Good Descriptions	Quantity	Value
1	XXXXXX	19981pcs	63,939.20
	Total Value in USD		63,939.20USD

2.保修范围 (scope of warranty)

(√)货物在保修期内，甲方无需支付由维修所引起的维修费用。但若甲方私自开拆货物或属于人为损坏，则不再视为保修范围内，甲方需支付乙方相应的维修费，乙方应向甲方提供如实的维修材料清单。

Under the warranty circumstance,Party A will not pay the repair cost; Party A should pay the

corresponding charges to Party B, if the goods were taken apart by Party A, which will not be

covered in the warranty period.

()货物在保修期外或保修范围外、在甲乙双方核实后，甲方需支付乙方由更换部件产生的修理费用。

the goods is out of warranty period or in the exception of the warranty scope. Party A will pay the repair cost after the confirmation between two parties.

()新货来料不良，乙方应无条件更换同型号、同规格，同价格的新产品给甲方。

If any failure of the goods which is due to the defect of the material of the goods, Party B obligates to exchange the goods with the same model, spec, and price for Party A.

3.乙方负责返回时的运费。

Party B pays the costs for transportation occurred from HK to Han's CNC.

4.维修原因：外观脏污，不良比例较高。

Maintenance reasons: Failure because of dirty appearance, with quite high ratio.

5.本协议一式两份，甲方、乙方各执一份。

This contract is in two copies. One for Party A and the other for Party B.

相 热

甲方，AAA公司   乙方：XXX Co.

图 3-25 维修协议

4. 发票

Customs Invoice

To：AAA 公司　　　　　　　　　　From：XXX 公司

　　A 省 X 市 X 街　　　　　　　　　　　X 省，X 市，X 街

No	品名	货号	产地	品牌	数量	币制	单价	总价
1	XXXXXX	无	美国	GCS	19981	美元	3.20	63,939.20
Currency：USD					Total：63,939.20			

图 3-26　发票

5. 装箱单

PACKING LIST

To:AAA 公司　　　　　　　　　　From:XXX 公司

Address：A 省，X 市，X 街　　　　Address：X 省，X 市，X 街

Tel:XXX-XXXXX-XXXXX　　　　　　Tel:XXX-XXXXX-XXXXX

　　　　　　　　　　　　　　　　Date:2017-10-12

Item	品名	型号	品牌	数量	包装	N.W.(KG)	G.W.(KG)
1	XXXXXX	无	GCS	1 箱 （19981PCS）	纸箱	1	2

图 3-27　装箱单

6. 检验证书

中中国检验认证集团深圳有限公司
CCIC SHENZHEN CO., LTD

地址：广东省深圳 XXXXXXXXXXXX ，十楼
Add:SE. XXXXXXXX ,Shenzhen,Guangdong.China
电话(TEL)86-755-88286188
传真(FAX):86-755-88286288
邮编(P.C):518026

证书编号 No——————————————

签证日期 Date

检 验 证 书

申请人 ：AAA公司

报验货物品名：XXXXXX

报验数量/重量：共19981个

中请退货原因：上述 XXXXXX 存在表面脏污的质量问题，已无法正常使用。

检验日期：2017年11月08日

检验地点:深圳市

应申请人要求，我司派员于上述时间、地点对申报货物进行现场检验，并核对相

关证明文件，结果如下：

1.货物品名：XXXXXX GCS牌 无型号

2.货物数量：共19981个

3.包装方式：纸箱

4.检验结论：经现场检验，发现上述 XXXXXX 存在表面脏污的质量问题，已无法正常使用。

备 注）1)上述货物用于光电二级管，信号转换用。
2)此证书仅适用于办理货物报关手续，无其他用途。
3)本证书自签发之日起60天内有效。

(证书印章)审核人：

工商注册号码：XXXXXXXXXXXXXX 签名:XXXX

图 3-28 检验证书

易错项目

一、征免性质栏

（一）规范填报

其他法定（299）。

（二）易错点解析

根据实际情况按海关规定的"征免性质代码表"选择填报相应的征免性质简称及代码，持有海关核发的征免税证明的，应按照征免税证明中批注的征免性质填报。

由于本案例监管方式为"修理物品"，可推断征免性质为"其他法定（299）"。

二、净重栏

（一）规范填报

1。

（二）易错点解析

填报进出口货物的毛重减去外包装材料后的重量，即货物本身的实际重量（净重）。部分商品的净重还包括直接接触商品的销售包装物料的重量（如罐头、化妆品、药品即类似品等）。

本栏目可以在装箱单中找到，N. W. 为净重，装箱单中净重为1，所以本栏目填报为"1"。

三、数量及单位栏

（一）规范填报

19981 个。

（二）易错点解析

报关单上的"数量及单位"栏指进出口商品的成交数量及计量单位，以及海关法定计量单位和按照法定计量单位计算的数量。

海关计量单位分为海关法定第一计量单位和法定第二计量单位。海关法定计量单位以《统计商品目录》中规定的计量单位为准。例如，天然水为千升/千克，卷烟为千克/千支。

本栏目可以在本案例合同中找到，合同中数量为19981，而后的单位为"个"。所以"数量及单位"栏目应填报为"19981 个"。

四、原产国（地区）栏

（一）规范填报

美国（USA）。

（二）易错点解析

原产国（地区）是指进出口货物的生产、开采或加工制造的国家。

本栏目应按海关规定的"国别（地区）代码表"填报相应的国家（地区）名称及代码。

本栏目可在合同中找到，合同中原产地为美国，因此，"原产国（地区）"栏目应填报为"美国（USA）"。

五、最终目的国（地区）栏

（一）规范填报

中国台湾（TWN）。

（二）易错点解析

最终目的国（地区）是指已知的进出口货物的最终实际消费、使用或进一步加工制造国家（地区）。

本栏目应按海关规定的"国别（地区）代码表"选择填报相应的国家（地区）名称及代码。本栏目为原报关单栏目"最终目的国（地区）"，现无变化。

本栏目可从本案例合同中找到，运抵港口为台湾，可知最终目的国（地区）为中国台湾。因此，"最终目的国（地区）"栏目填报为"中国台湾（TWN）"。

六、征免栏

（一）规范填报

照章征税（1）。

（二）易错点解析

按照海关核发的征免税证明或有关政策规定，对报关单所列每项商品选择海关规定的"征减免税方式代码表"中相应的征减免税方式填报。

由于本案例为修理物品出口单，可推断出在此之前为一般贸易进口单，一般贸易对应的征免为照章征税，因此，"征免"栏目填报为"照章征税（1）"。

案例 7　进料成品退换货物出口报关单填制案例解析

背景资料

　　××××公司和××××（Vietnam）公司签订出口××/××××/×××KG/块的合同，合同号为××××-××，应客户要求产品软件需要升级，要求退货重新返修生产再发货，委托 bbb 公司办理出口手续。

　　商品信息如下：

　　商品名称：××/××××/×××KG/块；

　　商品编号：××××××××××；

　　商品顺序编号：X；无品牌。

　　××××公司提供的通关文件信息如下：

　　备案号：××××××××××××，以公路运输方式（运输工具名称：/×××××××××××××）运输到越南，从深圳皇岗口岸（皇岗海关）出口，境内货源地：深圳；

　　委托书，如图 3-29 所示；

　　退换报告，如图 3-30 所示；

　　退修协议，如图 3-31 所示；

　　发票，如图 3-32 所示；

　　装箱单，如图 3-33 所示。

1. 委托书

代 理 报 关 委 托 书

编号：□□□□□□□□□□

：

我单位现 __A__ (A逐票、B长期)委托贵公司代理 __A__ 等通关事宜。(A、填单申报 B、辅助查验 C、垫缴税款 D、办理海关证明联 E、审批手册 F、核销手册 G、申办减免税手续 H、其他)详见《委托报关协议》。

我单位保证遵守《海关法》和国家有关法规，保证所提供的情况真实、完整、单货相符。否则，愿承担相关法律责任。

本委托书有效期自签字之日起至 __2017__ 年 __12__ 月 __31__ 日止。

委托方（盖章）：

法定代表人或其授权签署《代理报关委托书》的人（签字）

2017 年 12 月 19 日

委 托 报 关 协 议

为明确委托报关具体事项和各自责任，双方经平等协商签定协议如下：

委托方	XXXX 公司	被委托方	bbb 公司	
主要货物名称	XX/XXXX/XXXKG/块	*报关单编码	No.	
HS 编码	XXXXXXXXXX	收到单证日期	2019 年 12 月 20 日	
货物总价		收到单证情况	合同☑	发票☑
进出口日期	年 月 日		装箱清单☑	提（运）单□
提单号			加工贸易手册□	许可证件□
贸易方式	商品退换		其他	
原产地/货源地	深圳	报关收费	人民币： 元	
其他要求：		承诺说明：		
背面所列通用条款是本协议不可分割的一部分，对本协议的签署构成了对背面通用条款的同意。		背面所列通用条款是本协议不可分割的一部分，对本协议的签署构成了对背面通用条款的同意。		
委托方业务签章：		被委托方业务签章：		
经办人签章： 联系电话： 年 月 日		经办报关员签章： 联系电话： 年 月 日		

（白联：海关留存、黄联：被委托方留存、红联：委托方留存）　　中国报关协会监制

图 3-29　委托书

2. 退换报告

退换报告

深圳机场海关：

现有我司进口的一票货物，运单号 XXXXXXXXXX，品名 XX/XXXX/XXX KG/块，1080pcs，价格为 USD3868.668。

此批货物的贸易方式为"进料成品退换出口"，是我司以前出口给越南客户（对应原进口报关单号：XXXXXXXXXXXXXXXXX1080 pcs），因应客户要求产品软件需要升级，要求退货重新返修生产再发货，现需按"进料成品退换"这种贸易方式出口，特此说明。

此致

敬礼！

XXXX 公司

2017 年 12 月 19 日

图 3-30　退换报告

3. 退修协议

退修协议

(协议号 XXXXXX-XXX)

甲方: XXXX 公司

地址: XX 市 XX 街

电话: XXXX-XXX-XXXXXXXX   传真: XXXX-XXX-XXXXXXXX

乙方: XXXX (Vietnam)公司

地址: XXX 市XXX街

电话: XXXXXXXXXXXX

兹有甲方于 2017 年 10 月 18 日, 出口如下 1 批(其体明细如下表), 保修期为三年, 现在由于部分产品的不良原因, 经过双方协商, 决定退回甲方的深圳工厂进行维修。

日期	原出口报关单号	品名	品牌	型号	出口数量(个)	返修数量(个)	单价(USD)	总价(USD)
2017/10/18	XXXXXXXXXXXXXXXXXX	XX/XXXX/XXX KG 块	无牌	无型号	12960	1080	3.5821	46424.016

甲方根据乙方提供的真实有效的退修产品的资料(如装箱单等), 向海关办理清关手续。乙方也应积极配合提供清关时海关要求的其他资料。

甲方承诺退修产品自进口到深圳工厂后, 于 2018 年 12 月 31 日前维修好并且复出口, 由此业务产生的一切费用均由甲方承担。

因执行本协议发生争议时, 甲、乙双方通过友好协商解决。协商不成时, 在乙方所在地人民法院提起诉讼解决。

甲、乙双方在退修产品实际进出口过程中, 应按国家有关政策法规操作, 若一方违反国家有关政策法规操作者, 应承担相应责任, 并赔偿给对方造成的损失。

本协经经甲、乙双方签章生效, 有效期至 2018 年 12 月 31 日

甲方: XXXX 公司   乙方: XXXX(Vietnam) 公司

图 3-31 退修协议

4. 发票

COMMERCIAL INVOICE					
Shipper: XXXX公司 XX 市XX 街 Phone:+XXX-XXXXXXXXXXX		Date: 2017/9/15			
		Commercial invoice NO.:			
		Country of Manufacture:			
		Carrier:			
		Consignee: XXXX(Vietnam)公司 XXX市XXX街			
Packaging	Detailed Description of Goods		Qty	Unit Value	Total(CIF Shenzhen)
BOX	XX/XXXX/XXXX KG/块		1080	3.5821	$3868.668
Total Pkg. (MM) 8		Total Net Weight KGS 8.48	Total Gross Weight KGS 20.00		Total Value USD $3868.668

Signature   Tite   Shipping

图 3-32 发票

5. 装箱单

<table>
<tr><td colspan="6" style="text-align:center">PACKING LIST</td></tr>
<tr>
<td colspan="2" rowspan="5">Shipper:
XXXX公司
XX市XX街</td>
<td colspan="4">Date: 2017/9/15</td>
</tr>
<tr><td colspan="4">Packing list NO.:</td></tr>
<tr><td colspan="4">Sales Order NO.:</td></tr>
<tr><td colspan="4">Country of Manufacture:
Carrier:</td></tr>
<tr><td colspan="4">Consignee:
XXXX(Vietnam)公司
XXX市XXX街</td></tr>
<tr>
<td>Packaging</td>
<td>Qty of boxes</td>
<td>Detailed Description of Goods</td>
<td>Qty</td>
<td>Net Weight(KG)</td>
<td>Gross Weight(KG)</td>
</tr>
<tr>
<td>BOX</td>
<td>8</td>
<td>XX/XXXX/XXX KG 块</td>
<td>1080</td>
<td>8.48</td>
<td>20.00</td>
</tr>
<tr>
<td colspan="2">Total Pkg (MM)</td>
<td></td>
<td>Total Qty</td>
<td>Total
Net Weight(KG)</td>
<td>Total
Gross Weight(KG)</td>
</tr>
<tr>
<td colspan="2">8CTNS</td>
<td></td>
<td>1080</td>
<td>8.48</td>
<td>20.00</td>
</tr>
</table>

图 3-33 装箱单

易错项目

一、备案号栏

（一）规范填报

×××××××××××××。

（二）易错点解析

本栏目填报进出口货物收发货人、消费使用单位，以及生产销售单位在海关办理加工贸易合同备案或征、减、免税备案审批等手续时核发的加工贸易手册、海关特殊监管区域和保税监管场所保税账册、征免税证明或其他备案审批文件的编号。

本栏目可在本案例的背景资料中找到，备案号为×××××××××××××，所以本案例中"备案号"栏目填报"×××××××××××××"。

二、监管方式栏

（一）规范填报

进料成品退换（4600）。

（二）易错点解析

应根据实际对外贸易情况，按海关规定的"监管方式代码表"选择填报相应的监管方式简称及代码。

本栏目可在本案例的退换报告中得出监管方式为"进料成品退换"，进料成品退换代码为4600，所以本案例中"监管方式"栏目填报"进料成品退换（4600）"。

三、成交方式栏

（一）规范填报

FOB（3）。

（二）易错点解析

在进出口贸易中，进出口商品的价格构成和买卖双方各自应承担的责任、费用和风险，以及货物所有权转移的界限，以贸易术语（价格术语）进行约定。

在填报进出口货物报关单时，应依据进出口货物的实际成交价格条款，按照海关规定的"成交方式代码表"选择填报相应的成交方式代码。本栏目可在本案例的退修协议中找到，由资料中"甲方承诺退修产品自进口到深圳工厂后，于2018年12月31日前维修好并且复出口，此业务产生的一切费用均由甲方承担"可得出货物在复出口前这期间的费用都由甲方承担，但货物复运出口后的费用不由甲方承担（甲方不承担运费和保费），所以成交方式为FOB，FOB代码为3，所以本案例"成交方式"栏目填报"FOB（3）"。

四、项号栏

（一）规范填报

X。

（二）易错点解析

本栏目分两行填报。第一行填报报关单中的商品顺序编号；第二行填报备案序号，专用于加工贸易及保税、减免税等已备案、审批的货物，填报该项货物在加工贸易手册或征免税证明等备案、审批单证中的顺序编号。

本栏目可在本案例的背景资料中找到。由本案例背景资料可得商品顺序编号为"X"，备案序号没有在背景资料中体现，所以本案例中"项号"栏目填报"X"。

五、征免栏

（一）规范填报

全免（3）。

（二）易错点解析

按照海关核发的征免税证明或有关政策规定，对报关单所列每项商品选择海关规定的"征减免税方式代码表"中相应的征减免税方式填报。

本案例监管方式为进料成品退换，该监管方式对应征免为全免，所以本案例中"征免"栏目填报"全免（3）"。

案例8　进料料件退换货物出口报关单填制案例解析

背景资料

　　××××××××公司和××××××××××××××公司签订××××的合同，因货物有瑕疵原因现需将进料料件进行退换手续，并委托×××公司代理报关，在皇岗海关以公路运输的方式出境。

　　商品信息如下：

　　商品名称及规格型号为××××　×××××，包装种类为纸箱，毛重15.17KG，净重为14.35KG，成交方式为FOB，境内货源地为东莞。

　　××××××××公司提供的通关文件信息如下：

　　提运单号：××××××××××；

　　委托书，如图3-34所示；

　　退运协议，如图3-35所示；

　　发票，如图3-36所示；

　　通关手册，如图3-37所示；

　　装箱单，如图3-38所示。

1. 委托书

代 理 报 关 委 托 书

编号：□□□□□□□□□□

我单位现 __A__ (A逐票、B长期)委托贵公司代理 __A__ 等通关事宜。（A、填单申报
B、辅助查验C、垫缴税款D、办理海关证明联E、审批手册F、核销手册G、申办减免税手
续H、其他 ）详见《委托报关协议》。

我单位保证遵守《海关法》和国家有关法规，保证所提供的情况真实、完整、单货相符。
否则，愿承担相关法律责任。

本委托书有效期自签字之日起至 __2017__ 年 __12__ 月 __31__ 日止。

委托方（盖章）：

法定代表人或其授权签署《代理报关委托书》的人（签字）

2017 年 12 月 21 日

委 托 报 关 协 议

为明确委托报关具体事项和各自责任，双方经平等协商签定协议如下：

委托方	XXXXXXXX 公司	被委托方	XXX 公司	
主要货物名称		*报关单编码	No.	
HS 编码	□□□□□□□□□□	收到单证日期	年 月 日	
货物总价		收到单证情况	合同 ☑	发票 ☑
进出口日期	年 月 日		装箱清单 ☑	提（运）单 □
提单号	XXXXXXXXXX		加工贸易手册 ☑	许可证件 □
贸易方式		其他		
原产地/货源地	东莞	报关收费	人民币： 元	
其他要求：		承诺说明：		
背面所列通用条款是本协议不可分割的一部分，对本协议的签署构成了对背面通用条款的同意。		背面所列通用条款是本协议不可分割的一部分，对本协议的签署构成了对背面通用条款的同意。		
委托方业务签章：		被委托方业务签章：		
经办人签章： 联系电话： 年 月 日		经办报关员签章： 联系电话： 年 月 日		

（白联：海关留存、黄联：被委托方留存、红联：委托方留存）　　中国报关协会监制

图 3-34 委托书

2. 退运协议

退 运 协 议

(甲方): XXXXXXXX 公司

地　址：XX 市 XX 街

电　话：XXXX-XXXXXXX　　　　　传真：XXXXX-XXXXXXX

(乙方): XXXXXXXXXXXX公司

地　址：X市X街

电　话：XXXXX-XXXXXXX　　　　　传真：XXXXX-XXXXXXX

现甲方收到乙方的以下产品，经验收，发现货物不符合品质要求，具体货物如下：

产品名称	数量	单位	单价	总价
XXXX XXXXX	14.35	千克	8.877	127.38
合 计：				127.38

退运原因:外观、破损、刮花、污迹

现经双方协商同意将上述产品由甲方退回乙方。

此协议如有其他未详细说明的事项，均需通过甲乙双方共同协商处理。

　　　　　　(甲方)：　　　　　　　　　　　　(乙方)：
　　　　　签订日期：2017年12月22日　　　　签订日期：2017年12月22日

图 3-35　退运协议

3. 发票

发 票

TO:XXXXXXX 公司   日　期：2017 年 12 月 22 日

XX 市 XX 街   合同号码：XXXXXXXXXXX

        成交方式：FOB

备案序号	名称	目的国	数量	单位	单价(美元)	总价(美元)
54	XXXX XXXXX	马来西亚	14.35	千克	8.877	
						127.38

合计：USD 127.38

图 3-36　发票

4. 通关手册

通关手册

企业内部编号	XXXXXXXXXXX	手册编号	XXXXXXXXXXX	手册类型	进料加工
主管海关	埠长安办	主管外经贸	东莞市外经贸委	收货地区	东莞
经营单位	XXXXX-XXXXX	外商经理人		加工单位	XXXXXXXXXXXXX公司
外商公司	XXXX 国际有限公司	起抵地		贸易方式	进料对口
征免性质	进料加工	协议号		成交方式	
内销比	0	进口合同	XXXXXXXXXXX	许可证号	
批准文号	111	进口币制	美元	出口合同	XXXXXXXXXXX
备案进口总额	9648212.509260	加工种类	其他	备案出口总额	12012920
出口币制	美元	进出口岸		保税方式	
有效日期	2018-2-20	出口货物项数	127	进口货物项数	120
本次进口总额	0	管理对象	以经营单位为管理对象	本次出口总额	0
处理标志	不变	单耗申报环节	备案	录入日期	2017-2-20
申报日期	2017-11-30			备注	
台账银行	中国银行				

图 3-37　通关手册

5. 装箱单

出 口 装 箱 单

企业名称: XXXXXXXX 公司   合同号: XXXXXXXXXXXX

地　　址: XX市XX街   手册号: XXXXXXXXXXXX

离境口岸: 皇岗   日　　期: 2017 年 12 月 22 日

备案序号	成品名称	数量	件数	毛重(KG)	净重(KG)
54	XXXX XXXXX	14.35 千克	1CTNS	15.17	14.35
合计			1	15.17	14.35

图 3-38　装箱单

易错项目

一、备案号栏

(一) 规范填报

××××××××××××。

(二) 易错点解析

本栏目填报进出口货物收发货人、消费使用单位，以及生产销售单位在海关办理加工贸易合同备案或征、减、免税备案审批等手续时核发的加工贸易手册、海关特殊监管区域和保税监管场所保税账册、征免税证明或其他备案审批文件的编号。

本栏目可在本案例的装箱单中找到，根据"单一窗口"录入要求，"备案号"栏目要录入电子化手册、账册、征免税证明等编号。装箱单中的手册号为××××××××××××，所以备案号为"××××××××××××"。

二、监管方式栏

(一) 规范填报

进料料件退换 (0700)。

(二) 易错点解析

应根据实际对外贸易情况，按海关规定的"监管方式代码表"选择填报相应的监管方式简称及代码。

由通关手册可知道监管方式为进料加工，但在退运协议中为料件退回，进料料件退换的代码是0700，所以本案例中的"监管方式"栏目填报"进料料件退换

（0700）"。

三、项号栏

（一）规范填报

第一行：1。第二行：54。

（二）易错点解析

本栏目分两行填报。第一行填报报关单中的商品顺序编号；第二行填报备案序号，专用于加工贸易及保税、减免税等已备案、审批的货物，填报该项货物在加工贸易手册或征免税证明等备案、审批单证中的顺序编号。

本栏目可在本案例的发票中找到。发票中的备案序号为54，且只有一种商品，所以本案例中"项号"栏目第一行填商品顺序编号为"1"，第二行填备案序号为"54"。

四、原产国（地区）栏

（一）规范填报

中国（CHN）。

（二）易错点解析

原产国（地区）应依据《原产地条例》《中华人民共和国海关关于执行〈非优惠原产地规则中实质性改变标准〉的规定》，以及海关总署关于各项优惠贸易协定原产地管理规章规定的原产地确定标准填报。

由案例中的退运协议可知，货物因损坏需要退换，加工出口成品因故退运境内的，原产国（地区）填报"中国"。所以本案例中"原产国（地区）"栏目填报"中国（CHN）"。

五、征免栏

（一）规范填报

全免（3）。

（二）易错点解析

按照海关核发的征免税证明或有关政策规定，对报关单所列每项商品选择海关规定的"征减免税方式代码表"中相应的征减免税方式填报。

本案例中的监管方式是进料料件退换，该监管方式对应征免是全免，全免的代码是3，所以本案例"征免"栏目填报"全免（3）"。

案例 9　货样广告品 货物出口报关单填制案例解析

背景资料

　　×××公司与××××公司签订订单，向××××公司出口一批×××××商品，并委托×××报关公司代理报关，货物监管方式为货样广告品，境内货源地为惠州其他，该批货物价值 241.48USD；商品编码为××××××××××。

　　商品信息如下：

　　商品名称：×××××；

　　商品规格及型号：××××××××××；

　　商品数量：146PCS；

　　包装种类：纸箱；

　　无牌；在最终目的国（地区）不享惠；由深圳运至保加利亚。

　　×××公司提供的通关文件信息如下：

　　委托书，如图 3-39 所示；

　　发票，如图 3-40 所示；

　　装箱单，如图 3-41 所示；

　　合同，如图 3-42 所示。

1. 委托书

代 理 报 关 委 托 书

编号：□□□□□□□□□□□

:

　　我单位现　**A**　(A逐票、B长期)委托贵公司代理　**AB**　等通关事宜。（A、填单申报B、辅助查验C、垫缴税款D、办理海关证明联E、审批手册F、核销手册G、申办减免税手续H、其他）详见《委托报关协议》。

　　我单位保证遵守《海关法》和国家有关法规，保证所提供的情况真实、完整、单货相符。否则，愿承担相关法律责任。

　　本委托书有效期自签字之日起至　**2018**　年　**3**　月　**11**　日止。

委托方（盖章）：

法定代表人或其授权签署《代理报关委托书》的人（签字）

2018 年 2 月 11 日

委 托 报 关 协 议

为明确委托报关具体事项和各自责任，双方经平等协商签定协议如下：

委托方	XXX 公司	被委托方	XXX 报关公司	
主要货物名称	XXXXX	*报关单编码	No.	
HS 编码	XXXXXXXXXX	收到单证日期	年　月　日	
货物总价	241.48USD	收到单证情况	合同☑	发票☑
进出口日期	年　月　日		装箱清单☑	提（运）单□
提单号			加工贸易手册□	许可证件□
贸易方式	一般贸易	其他		
原产地/货源地	惠州其他	报关收费	人民币：　　　元	
其他要求： 退税		承诺说明：		
背面所列通用条款是本协议不可分割的一部分，对本协议的签署构成了对背面通用条款的同意。		背面所列通用条款是本协议不可分割的一部分，对本协议的签署构成了对背面通用条款的同意。		
委托方业务签章： 经办人签章： 联系电话：　　　　　年　月　日		被委托方业务签章： 经办报关员签章： 联系电话：　　　　　年　月　日		

（白联：海关留存、黄联：被委托方留存、红联：委托方留存）　　　中国报关协会监制

图 3-39 委托书

2. 发票

INVOICE

编号：
No.：xxxxxxxxxxx
Date：2018 年 02 月 09 日

商　号：

_____

_____

标记号码 Mars & No.	货物名称、型号及规格 Description	数量 (PCS) Quantity	单价 （USD） Unit Price	总金额 （USD） Amount
1	xxxxxxxxxxxxxx	16	1.65	26.40
2	xxxxxxxxxxxxxx	12	1.74	20.88
3	xxxxxxxxxxxxxx	12	1.55	18.60
4	xxxxxxxxxxxxxx	4	1.55	6.20
5	xxxxxxxxxxxxxx	2	1.66	3.32
6	xxxxxxxxxxxxxx	12	1.65	19.80
7	xxxxxxxxxxxxxx	12	1.55	18.60
8	xxxxxxxxxxxxxx	12	1.74	20.88
9	xxxxxxxxxxxxxx	2	2.20	4.40
10	xxxxxxxxxxxxxx	8	1.20	9.60
11	xxxxxxxxxxxxxx	16	1.65	26.40
12	xxxxxxxxxxxxxx	10	2.20	22.00
13	xxxxxxxxxxxxxx	8	1.20	9.60
14	xxxxxxxxxxxxxx	20	1.74	34.80
15				
16				
17				
18				
19				
合计		146		USD 241.48

图 3-40　发票

3. 装箱单

PACKING LIST

Date: 2018 年02月09日

发票编号： XXXXXXXXXXX

合约号： XXXXXXXXXXX

客户: XXXX 公司

付款条件： T/T

标记号码	货物名称、型号及规格		总箱数	总数量(块)	总毛重(千克)	总净重(千克)	我司编号	层数
1	XXXXX	XXXXXXXXXX	1	16	1.20	0.70	XXXXXXXXXX	2
2	XXXXX	XXXXXXXXXX	1	12	1.00	0.50	XXXXXXXXXX	2
3	XXXXX	XXXXXXXXXX	1	12	0.80	0.30	XXXXXXXXXX	2
4	XXXXX	XXXXXXXXXX	1	4	1.00	0.50	XXXXXXXXXX	2
5	XXXXX	XXXXXXXXXX	1	2	2.60	2.10	XXXXXXXXXX	1
6	XXXXX	XXXXXXXXXX	1	12	1.00	0.50	XXXXXXXXXX	2
7	XXXXX	XXXXXXXXXX	1	12	1.10	0.60	XXXXXXXXXX	2
8	XXXXX	XXXXXXXXXX	1	12	1.00	0.50	XXXXXXXXXX	2
9	XXXXX	XXXXXXXXXX	1	2	1.20	0.70	XXXXXXXXXX	2
10	XXXXX	XXXXXXXXXX	1	8	0.90	0.40	XXXXXXXXXX	2
11	XXXXX	XXXXXXXXXX	1	16	0.80	0.30	XXXXXXXXXX	2
12	XXXXX	XXXXXXXXXX	1	10	1.00	0.50	XXXXXXXXXX	2
13	XXXXX	XXXXXXXXXX	1	8	0.90	0.40	XXXXXXXXXX	2
14	XXXXX	XXXXXXXXXX	1	20	0.90	0.40	XXXXXXXXXX	2
15								
16								
17								
18								
19								
20								
合计			14	146	15.40	8.40		
	目的国是否享受优惠关税	0	出口货物在最终目的国(地区)不享受优惠关税					
	品牌类型	无牌						

图 3-41 装箱单

4. 合同

合　同

合同号码: XXXXXXXXXXX

日期:

Date: 2018-01-25
签约地点:
Signed At: 深圳

卖方:
Sellers: ×××公司

地址: XXXXXXXXXXXXXX　　　　TEL: XXXXXXXXXXXXX　　　　FAX: XXXXXXXXXX
Address:
买方: XXXX公司
Buyers:
地址: XXXXXXX, XXXXXXXXXXX　　　TEL: XXXXXXXXXXXXXXXXX
　　　 XXXXXXX XXXXXXXXXXXXXXX
Address:
运至: 保加利亚
Goods to:
地址:
Address:

兹经卖买双方同意成交下列商品订立条款如下:
The undersignd Sellers and Buyers agreed to close the following transactions according to
the terms and conditions stipulated below:

	1.商品 Commodity	2.型号及规格 Specifications	3.数量（PCS） Quantity	4.单价（USD） Unit Price	金额（USD） Amount
1	XXXXX	XXXXXXXXX	16	1.65	26.40
2	XXXXX	XXXXXXXXX	12	1.74	20.88
3	XXXXX	XXXXXXXXX	12	1.55	18.60
4	XXXXX	XXXXXXXXX	4	1.55	6.20
5	XXXXX	XXXXXXXXX	2	1.66	3.32
6	XXXXX	XXXXXXXXX	12	1.65	19.80
7	XXXXX	XXXXXXXXX	12	1.55	18.60
8	XXXXX	XXXXXXXXX	12	1.74	20.88
9	XXXXX	XXXXXXXXX	2	2.20	4.40
10	XXXXX	XXXXXXXXX	8	1.20	9.60
11	XXXXX	XXXXXXXXX	16	1.65	26.40
12	XXXXX	XXXXXXXXX	10	2.20	22.00
13	XXXXX	XXXXXXXXX	8	1.20	9.60
14	XXXXX	XXXXXXXXX	20	1.74	34.80
14					
15					
16					
17					
18					
19					
20					

5.总值
Total Value

6.包装: 纸箱
Packing

7.装船期: 2018-2-10
Time of Shipment

8.装船口岸和目的地:深圳至保加利亚

总金额
Total Amount　　　　US$241.48

装船标记
Shipping Mark

9.品质、数量、重量、以中国商品检验局检验或卖方所出具的证明书为最后依据。

图 3-42　合同

易错项目

一、监管方式栏

（一）规范填报

货样广告品（3010）。

（二）易错点解析

应根据实际对外贸易情况，按海关规定的"监管方式代码表"选择填报相应的监管方式简称及代码。

本案例可在委托书中找到贸易方式为货样广告品，所以本栏目填报"货样广告品（3010）"。

二、征免性质栏

（一）规范填报

其他法定（299）。

（二）易错点解析

根据实际情况按海关规定的"征免性质代码表"选择填报相应的征免性质简称及代码，持有海关核发的征免税证明的，应按照征免税证明中批注的征免性质填报。

本栏目与监管方式有一定的逻辑关系，因为本案例的监管方式为货样广告品，而货样广告品对应的征免性质为其他法定，所以本栏目填报"其他法定（299）"。

三、征免栏

（一）规范填报

照章征税（1）。

（二）易错点解析

按照海关核发的征免税证明或有关政策规定，对报关单所列每项商品选择海关规定的"征减免税方式代码表"中相应的征减免税方式填报。

本案例可在委托书里找到是以货样广告品的贸易方式成交的，所以货样广告品对应的征免为照章征税。故本栏目填报"照章征税（1）"。

四、数量及单位栏

（一）规范填报

以第一项为例，16块，0.7千克，16块。

（二）易错点解析

报关单上的"数量及单位"栏指进出口商品的成交数量及计量单位，以及海关法定计量单位和按照法定计量单位计算的数量。

海关计量单位分为海关法定第一计量单位和法定第二计量单位。海关法定计量单位以《统计商品目录》中规定的计量单位为准。例如，天然水为千升/千克，卷烟为千克/千支。

本案例的此栏目可以在装箱单中找到，本案例中一共有十四项，本栏目需分十四项填写。

第一项：第一行法定计量单位填写 16 块，第二行法定计量单位填写 0.7 千克，第三行成交单位 16 块。

第二项：第一行法定计量单位填写 12 块，第二行法定计量单位填写 0.5 千克，第三行成交单位 12 块。

第三项：第一行法定计量单位填写 12 块，第二行法定计量单位填写 0.3 千克，第三行成交单位 12 块。

下面的十一项都以同样的格式填写。

五、商品名称、规格型号栏

（一）规范填报

第一行：××××。第二行：××××××××××。

（二）易错点解析

本栏目分两行填报。第一行填报进出口货物规范的中文商品名称，如果发票中的商品名称为非中文名称，则需翻译为规范的中文名称填报，必要时加注原文。第二行填报规格型号，按照《规范申报目录及释义》要求填报。

本案例中本栏目可在装箱单、发票、合同中找到商品名称及规格型号，在截取的装箱单中可看到商品名称为××××规格型号为××××××××××，所以本栏目分两行填报，分别为"××××"和"××××××××××"。

六、包装种类栏

（一）规范填报

纸制或纤维板制盒/箱（22）。

（二）易错点解析

本栏目应根据进出口货物的实际外包装种类和材质，按海关规定的"包装种类代码表"选择填报对应的包装种类代码。

本案例可在合同中找到包装种类，合同中包装为纸箱，所以本栏目填报"纸制或纤维板制盒/箱（22）"。

案例 10 其他进出口全免进口报关单填制案例解析

背景资料

××××进出口有限公司与韩国××× CORPORATION 签订进口韩国商品××××××的合同，合同号：××××××××××。

进口商品信息，如图 3-43 所示：

商品名称：××××××；商品编号：×××××××××；品牌：×（境外）；集装箱号：××××7149824/普通 2 * 标准箱（L）。

根据进口商提供的单据信息显示，货物由 ××× CORPORATION 在韩国蔚山港口装船（经停香港），于 2020 年 3 月 5 日以海运整船方式运抵深圳盐田口岸（大鹏海关），监管方式为一般贸易。货物存放在盐田港码头堆场。船名：KOTA WIJAYA；航次：096/N226；提运单号：××××20004160，货物无木质包装。

××× CORPORATION 提供的通关文件信息如下：

合同，如图 3-44 所示；

发票，如图 3-45 所示；

装箱单，如图 3-46 所示。

1. 进口商品信息

【货物信息】

原产地: 韩国

HS编码: xxxxxxxxxx

品牌: X (境外)

外观: 无色半透明颗粒状

成分含量: 100%聚丙烯

级别: 电工级

型号: ZCX-001

签约日期: 2020年2月17日

用途: 特殊膜类用

非再生料 批次号: 49J498 灰分: 10.8PPM

双方无特殊关系,商品无特许权使用费

图 3-43 进口商品信息

2. 合同

货 物 进 口 合 同

合同编号:XXXXXXXXXX　　　　　　签订日期:　　　　2020年2月17日 签订地点:深圳

买方: XXXXXX进出口有限公司
地址: X市X区X路X号

卖方: XXX CORPORATION
地址: XXX 4-gil, XXXXX, Seoul,Korea

一、经买卖双方确认根据下列条款订立本合同:

项号	名 称 及 规 格	数量	单位	单价（USD）	金额（USD）
1	XXXXXX	20	吨	1660.0000	33200.0000
					合计　33200.0000

二、成交价格术语:　CIF深圳

三、装运港:蔚山(韩国)

四、境内目的地:深圳

五、质量要求技术标准:按照国家标准行业标准和供需方图纸及技术资料执行。

六、供方对质量负责的条件和期限:供方保证其提供的产品寿命达到第二条所述技术资料要求。

七、合理损耗负担及计算方式:视具体情况。

八、包装要求:包装标准依照需方要求执行,需方没有特定要求的,依照通用标准执行,且足以保护和清楚认知及区分产品标准。

九、验收标准:经验收不合格,供方负责在要求时间内更换或维修,否则,需方有权退货,供方应返还退货部分已支付的货款,因质量问题给需方造成的直接经济损失,供方负责赔偿。

十、结算方式及税率:月结30天

十一、违约责任:任何一方违反本合同规定,造成本合同不能执行,须赔偿另一方的经济损失。

买方代表人:　　　　　　　　　　卖方代表人:

签字:　　　　　　　　　　　　　签字:

图 3-44　合同

3. 发票

XXX CORPORATION

XXX 4-gil, XXXXX, Seoul，Korea

发　票

买方：XXXXXX进出口有限公司　　　　　　　　　发票号：XXXXXXXXXXX

地址：X市X区X路X号　　　　　　　　　　　　　日　期：　2020年2月4日

电话：　　　　　　　　　　　　　　　　　　　　成交条件：　CIF深圳

传真：　　　　　　　　　　　　　　　　　　　　页　码：　1/1

项号	品名及规格	原产地	数量(吨)	单价（USD)	金额(USD)
1	XXXXXX	韩国	20	1660.00	33,200.00
		合计	20		33,200.00

图 3-45　发票

4. 装箱单

XXX CORPORATION

XXX 4-gil, XXXXX, Seoul, Korea

装 箱 单

买方：XXXXXX进出口有限公司
地址： X市X区X路X号
电话：
传真：

发票号： XXXXXXXXXX
日 期： 2020年2月4日
页 码 1/1

运输工具名称及航次号：KOTA WIJAYA 096/N226　　　集装箱号：XXXX7149824 (40')

项号	品名及规格	件数	包装	数量(吨)	净重(千克)	毛重(千克)
1	XXXXXX	20	塑料袋	20	20000.00	20060.00
	总计	20		20	20000.00	20060.00

图 3-46　装箱单

易错项目

一、经停港/指运港栏

（一）规范填报

香港（中国香港）（HKG003）。

（二）易错点解析

经停港填报进口货物在运抵我国关境前的最后一个境外装运港。指运港填报出口货物运往境外的最终目的港；最终目的港不可预知的，按尽可能预知的目的港填报。根据实际情况，按海关规定的"港口代码表"选择填报相应的港口名称及代码。经停港/指运港在"港口代码表"中无港口名称及代码的，可选择填报相应的国家（地区）名称及代码；无实际进出境的货物，填报"中国境内"及代码。本栏目可在本案例的背景资料的运输信息中找到，但一般与此栏目有关的信息，可以从提运单、提货单、船公司或航空公司查询平台查找。

二、包装种类栏

（一）规范填报

包（6）。

（二）易错点解析

填报进出口货物的所有包装材料，包括运输包装和其他包装，按海关规定的"包装种类代码表"选择填报相应的包装种类名称及代码。运输包装指提运单所列货物件数单位对应的包装，其他包装包括货物的各类包装，以及植物性铺垫材料等；本栏目应根据进出口货物的实际外包装种类和材质，按海关规定的"包装种类代码表"选择填报相应的包装种类代码。

三、集装箱号及规格栏

（一）规范填报

集装箱号 ××××7149824，集装箱规格 普通 2 ＊ 标准箱（L）。

（二）易错点解析

集装箱号是在每个集装箱两侧标示的全球唯一的编号。其组成规则是：箱主代号（3 位字母）+设备识别号"U"+顺序号（6 位数字）+校验码（1 位数字）。例如，TCKU6201981。报关人员根据提运单确认集装箱规格，按照"集装箱规格代码表"选择填报集装箱规格，或在下拉菜单中选择。其中，L 代表 40 尺集装箱、S 代表 20 尺集装箱。例如，TCKU6201981 为 40 尺普通集装箱，应填报普通 2 ＊ 标准箱（L）。本栏目可在本案例中的装箱单中找到，根据规范填报即可。

四、数量及单位栏

（一）规范填报

20 吨。

（二）易错点解析

报关单上的"数量及单位"栏指进出口商品的成交数量及计量单位，以及海关法定计量单位和按照法定计量单位计算的数量。海关法定计量单位分为海关法定第一计量单位和法定第二计量单位。海关法定计量单位以《统计商品目录》中规定的计量单位为准。例如，天然水为千升/千克，烟卷为千克/千支。

数量及单位是与货物成交相关的信息，可以在发票、装箱单或者合同中查找到有关数量及单位的资料并进行填报。

五、贸易国（地区）栏

（一）规范填报

韩国（KOR）。

（二）易错点解析

发生商业性交易的，进口填报购自国（地区），出口填报售予国（地区）；未发生商业性交易的，填报货物所有权拥有者所属的国家（地区）；本栏目应按海关规定的"国别（地区）代码表"选择填报相应的贸易国（地区）中文名称及代码。本栏目可在案例的合同中找到。

六、货物存放地点栏

（一）规范填报

盐田港码头堆场。

（二）易错点解析

填报货物进境后存放的场所或地点，包括海关监管场所专业场所、分拨仓库、定点加工厂、隔离检疫场、企业自有仓库等。进口报关单中，本栏目为必填项；出口报关单中，本栏目为选填项。本栏目可在货物信息中查找到。

案例 11 其他进出口免费货物进口报关单填制案例解析

背景资料

×××公司与 AAA 公司签订进口××××（接口管理功能）的合同，合同号为××××××××××××；根据进口商提供的单据信息显示，货物于 2020 年 4 月 7 日以陆运方式运抵皇岗入境，运输工具名称及航次号为 TOM2020。

进口商品信息，如图 3-47 所示：

商品名称：××××（接口管理功能）；商品编号：××××××××；境外品牌：YYY；通信设备通用；已蚀刻且未切割、未封装的××××原片，非量产、12inch，可切割为 1398颗××××；货物进口后存放在岳阳市的企业库房中。

×××公司提供的通关文件信息如下：

合同，如图 3-48 所示；

发票，如图 3-49 所示；

装箱单，如图 3-50 所示。

1. 进口商品信息

【货物信息】

外商**免费赠送**XXX公司2个XXXX(接口管理功能),用于研发,做产品符合性的封装和测试。

货物从香港通过深圳皇岗口岸(皇岗海关)入境,存入企业库房。

运输工具:汽车

载货清单号:XXXXXXXXXXXX

进口日期:2020年4月7日

境内目的地:湖南省岳阳市

申报要素:

境外品牌:YYY

用途:通信设备通用

状态:已蚀刻且未切割、未封装的XXXX原片、非量产、12inch,可切割为1398颗XXXX

双方无特殊关系,商品无特许权使用费

运输工具名称及航次号:TOM2020

图 3-47 进口商品信息

2. 合同

PURCHASE CONTRACT

SELLER : AAA公司
A市A街

C/NO. : XXXXXXXXXXX
Date : 2020-02-25
Signed at : SHENZHEN,CHINA

BUYER : XXX公司
X市X街

This contract is made by and between the Buyers and the Sellers:whereby the Buyers agree to buy and the agree to sell the under-mentioned goods subject to the terms and conditions as stipulated bereinafter:
(1) Name of commodity and Specification :

Item NO.	H.S CODE NO.	DESCRIPTION	QTY. (PCS)	UNIT PRC	AMT.(USD)
1	XXXXXXXX	XXXX	2	3,500.00	7,000.00
2					
3					
4					
5					
TOTAL:					7,000.00

(2) Price condition : FOB HK
(3) Packing : CARTON
(4) Country of Origin & Manufacturer : TAIWAN , CHINA
(5) Terms of Payment : T/T
(6) Insurance : To be covered by the BUYERS
(7) Time of Shipment : BEFORE 2020-04-02
(8) Port of Loading : HONGKONG PORT, CHINA
(9) Port of Destination : CHINA
(10) Shipping Mark(s) : BY SELLER'S OPTION
Supplementary Condition(s) (Should any other clause in this Contract.be in conflice with the following Condition (s),the Supplementary Condition (s) should be taken as final and binding.,Fax, cable and other papers, which both parties agreed, will constitute part of this clause:):

THE BUYERS   THE SELLERS

图 3-48　合同

3. 发票

AAA公司

INVOICE

To Messrs.
XXX公司

Date　　2020-03-03
Invoice No. xxxxxxxxxxx

Tel:　Fax:

Payment term:　　T/T　　　　　　　　　　Price condition:　FOB HK　　　　　

From:　　　　　H.K PORT，CHINA　　　To:　　　CHINA　　　

Item NO.	DESCRIPTION	MODEL NO.	QTY （PCS)	UNIT PRC	AMT （USD)
1	XXXX	Jaguar3V100B04W WS	2	3,500.00	7,000.00
2					
3					
4					
5					
TOTAL			2		7,000.00

Freight：USD 7.1
Insurance：USD 2.26
Extras：USD 27.0

图 3-49　发票

4. 装箱单

AAA公司

PACKING LIST

PL No.:　XXXXXXXXXXXX

Date: 03-Mar-20
Page: 1

DESCRIPTION	QTY (KGS)	PACKAGE CARTON	G.W (KGS)	N.W (KGS)	Container No.
XXXX	2	1	3.6300	0.8700	
TOTAL:	2	1	3.6300	0.8700	

图 3-50　装箱单

易错项目

一、启运港栏

（一）规范填报

香港（中国香港）HKG003。

（二）易错点解析

根据实际情况，按海关规定的"港口代码表"填报相应的港口名称及代码，未在港口代码表列明的，填报相应的国家（地区）名称及代码。

本栏目填报进口货物在运抵我国关境前的第一个境外装运港。所以本案例"启运港"栏目填报为"中国香港"。

二、包装种类栏

（一）规范填报

纸箱（2）。

（二）易错点解析

填报进出口货物的所有包装材料，包括运输包装和其他包装，按海关规定的"包装种类代码表"选择填报相应的包装种类名称及代码。运输包装指提运单所列货物件数单位对应的包装，其他包装包括货物的各类包装，以及植物性铺垫材料等。

本栏目应根据进出口货物的实际外包装种类和材质，按海关规定的"包装种类代码表"选择填报相应的包装种类代码。

该栏目可在合同中找到，合同中是纸箱，所以该栏目填报"纸箱（2）"。

三、净重栏

（一）规范填报

1。

（二）易错点解析

填报进出口货物的毛重减去外包装材料后的重量，即货物本身的实际重量（净重）。部分商品的净重还包括直接接触商品的销售包装物料的重量（如罐头、化妆品、药品及类似品等）。

该栏目可在装箱单中找到，净重的英文缩写为 N.W，净重的计量单位为千克，净重应大于等于1，不足1千克的填报为"1"。

所以本栏目填报为"1"。

四、杂费栏

（一）规范填报

杂费27.0，币制美元。

（二）易错点解析

填报成交价格以外的，按照《关税条例》等相关规定应计入完税价格或应从完税价格中扣除的费用，如手续费、佣金、折扣等。

1. 杂费费率为正值，录入格式为 1/杂费费率；杂费费率为负值，录入格式为-1/杂费费率。

2. 杂费费用总价为正值，录入格式为 3/杂费金额/币制代码；杂费费用总价为负值，录入式为 3/-杂费金额/币制代码。

根据成交方式，进口单以 CIF 为准，杂费填报 27.0，币制为美元。

五、原产国（地区）栏

（一）规范填报

中国台湾（TWN）。

（二）易错点解析

原产国（地区）是指进出口货物的生产、开采或加工制造的国家（地区）。

本栏目应按海关规定的"国别（地区）代码表"填报相应的国家（地区）名称及代码。

本案例依据合同填报为"中国台湾（TWN）"。

案例12 维修物品进口报关单填制案例解析

背景资料

×××公司与BBB公司签订了修理协议，现设备修理完毕，×××公司委托DDD公司办理维修物品进口通关手续。

商品信息如下：

商品名称：××××机；

商品编码：×××××××××；

外文品牌：×××；

型号：×××××××。

×××公司提供的通关文件信息如下：

代理报关委托协议（电子），如图3-51所示；

原出口报关单，如图3-52所示；

发票，如图3-53所示；

提运单，如图3-54所示；

维修协议，编号为××××××××，如图3-55所示；

航空运单，运单号为×××××××××××_ ××××××××，如图3-56所示。

1. 代理报关委托协议

我公司(XXX公司)（海关十位代码：十位数字）委托德国BBB公司修理一台XXXX机，现设备已经修理完毕，公司委托DDD公司(海关十位代码：十位数字)代理进口通关手续。

补充信息如下：

1.货物存放地点：XX机场海关XX区 XX 仓库

2.产品信息如下：

商品名称	HS 编码	商品信息
XXXX机	XXXXXXXXXX	用于测试转子内部绕组线圈的电阻、电压、电流、电感的电性能测试，带记录装置，无中文品牌,外文品牌 XXX， 型号： XXXXXXX

图 3-51 代理报关委托协议

2. 原出口报关单

中华人民共和国海关出口货物报关单

预录入编号: XXXXXXXXXXXXXXXXXXX		海关编号: XXXXXXXXXXXXXXX				页码/页数:1/1	
境内发货人 (XXXXXXXXXXXXXXXXXX) XXX公司		出境关别 (2233) 浦东机场	出口日期		申报日期 20210107	备案号	
境外收货人 BBB公司		运输方式 航空运输	运输工具名称及航次号 KLXXX		提运单号 XXXXXXXXXX_XXXXXXX		
生产销售单位 BBB公司		监管方式 (1300) 修理物品	征免性质 (299) 其他法定		许可证号		
合同协议号 XXXXXXXX		贸易国(地区)(DEU) 德国	运抵国(地区)(DEU) 德国		指运港 (DEU000) 德国	离境口岸 (310302) 上海浦东国际机场	
包装种类 木制或竹藤等植物性质材料制盒/箱		件数 1	毛重(千克) 100	净重(千克) 50	成交方式 CIF	运费 CNY/1000/3	保费 杂费 000/0.3/1
随附单证及编号							
随附单证:代理报关委托协议（电子）:合同							
标记唛码及备注							
备注: 出境修理物品 N/M							
项号	商品编号 商品名称及规格型号	数量及单位	单价/总价/币制	原产国(地区)	最终目的国(地区)	境内货源地	征免
1	XXXXXXXXXX XXXXXXX 用于测试转子内部绕阻线圈的电阻、 电压、电流、电感的电性能测试|检测电	1台 50千克 1台	9000.0000 9000.0000 欧元	德国 (DEU)	德国 (DEU)	XXXXXXXXX	全免 (3)
特殊关系确认:	价格影响确认:	支付特许权使用费确认:	公式定价确认:	暂定价格确认:		自报自缴:	
报关人员 报关人员证号 XXXXXXX 申报单位 XXXXXXXXXXXXXXXX		电话	兹申明对以上内容承担如实申报、依法纳税之法律责任 申报单位(签章)			海关批注及签章	

图 3-52 原出口报关单

3. 发票

INVOICE

Document-No.:	XXXX–XXXX
Date:	Feb 24,2021
Project:	11-047
Your order:	XXXXXXXXXX
PO Date	Feb 23,2021
Delivery Note:	XXXX–XXXX
Invoice No.:	XXXX–XXXX
Tel Number:	XXXXXXXXXXXXX
Company-No.:	XXXXXX
Contract No.:	XXXXXXXX
Telephone:	+XXXX XXXXXXXXX
E-mail:	XXX@XXX
Order:	00480
page:	1 to 3

Delivery Address   XXX公司 CHNA

Item	Description	Marks&No.	Quantity	Unit	Unit Price	Total
.2	XXX Repair Costs	Invoice No.:XXXX–XXXX	1SET	1 WOODEN CASE	984.10	984.10 EUR
		Contract No.:XXXXXXXX				
		Repair Costs	Net			984.10 EUR
			VAT		0%	0.00 EUR
			Total Amount			984.10 EUR

Return of XXX after repair
Country of Origin: DE
HS-Code: 90303370
Value af the AKG for customs purpose only   € 9,000.00

Net Weight	50.000 kg
Gross Weight	90.000 kg
Dimensions	120x100x94cm
Terms of Delivery	FCA sasbach

Delivery date corresponds to the date of service

图 3-53　发票

4. 提运单

Shipper: XXX公司 X省X市X街		Lieferanten-Nr. Supplier Account No: Shipping Date		Delivery Note 10.12.2020
Consignee: Attn: XXX公司 Fuchsgraben 5c . XXXXX Sasbach . Germany		*** COMMERCIAL INVOICE *** Datum/Date No. XXXXXXXXXX 10.12.2020		
Ihre Zeichen/Your Ref	Bestellung Nr./Datum P/O No	Zusatzdaten das Bestellers Customer addit Data	Unsere Abtig. Supplier Department	
Versandart/ Lieferbedingung Shipment/ Delivery terms	Verpackungsart Packing	Versandzeichen Shipment marks	Gesamtgewicht kg / Weight brutto / Gross 85.00	netto/Net 50.00
Versandanschrift/ Ship to address		Abladestelle/ Unloading Location WE		

Pos No	Sachnummer/ Bezeichnung der Lieferung/ Leistung Customer Part No/ Delivery description	ME unit	Menge Quantity	Preis je Einheit Unit Price	Betrag Amount/ EUR
1	XXXX	pcs	1	9,000.00	9,000.00
	Shipment return back to XXX公司 for repair, after repair return back to China				
	Delivery term:DDU Germany				
				EUR	9,000.00
			TOTAL AMOUNT	EUR	9,000.00
	MARKS:				

图 3-54 提运单

5. 修理协议

修理协议
Maintenance Agreement

Maintenance Offered by BBB Co.   Agreement No.: XXXXXXXX

维修受理方：BBB 公司

Maintenance Entrusted by XXX   Co.

委托维修方：   XXX 公司

根据双方协商建立维修协议如下：

Maintenance items are built as follows according to the communication between BBB Co. and XXX Co.

1.维修委托方将出现故障的一台 XXXX   性能测试设备交付给受理方：

One XXXX   Machine will be sent to BBB Co. for repair by XXX   Co.

2.受理方负责在货物送达受理方后对货物进行检测维修，承诺在收到货物后3个月内完成，并将维修完毕的货物运回中国。

BBB Co. is responsible to repair this cargo after receiving， and promise to finish

the repairing . Within 3 months BBB Co. should send them back to XXX Co..

3.维修费将由维修委托方支付。

The charges of repairing will be on the account of XXX   Co..

4.货物从中国运送德国及从德国运回到中国的运费由维修委托方支付。

The freight of round trip from XXX   Co. to Germany are all on XXX Co..

维修受理方签字：

Signature of Maintenance Offered

日 期 Date:

委托维修方签字：

Signature

日 期Date:

图 3-55   修理协议

6. 航空运单

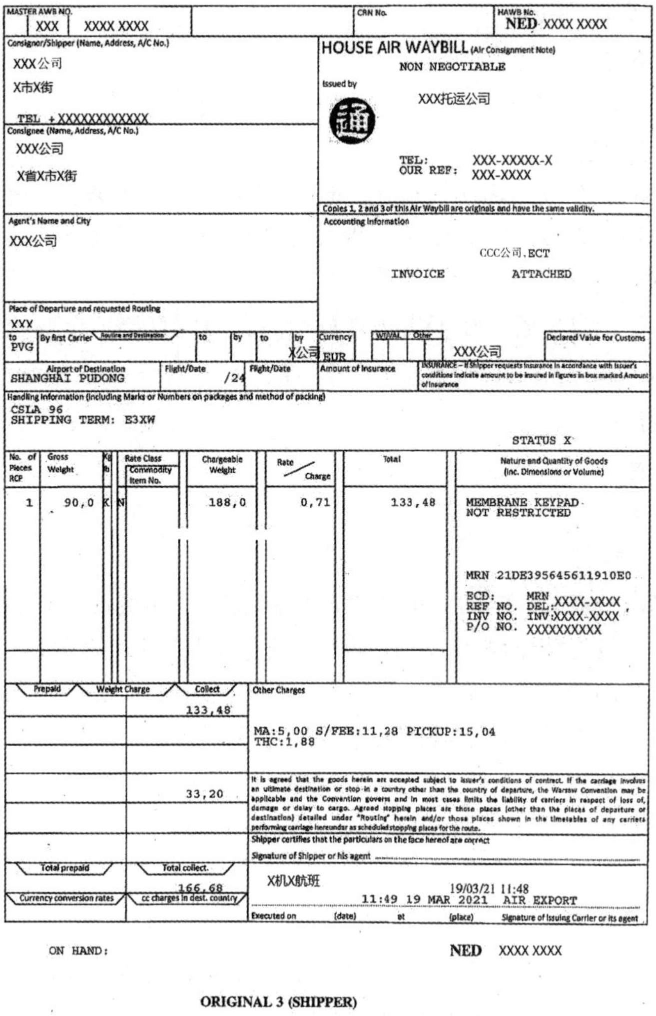

MASTER AWB NO. XXX XXXX XXXX | CRN No. | HAWB No. NED XXXX XXXX

Consignor/Shipper (Name, Address, A/C No.)
XXX公司
X市X街
TEL +XXXXXXXXXXXX

HOUSE AIR WAYBILL (Air Consignment Note)
NON NEGOTIABLE
Issued by
XXX托运公司
TEL: XXX-XXXXX-X
OUR REF: XXX-XXXX

Consignee (Name, Address, A/C No.)
XXX公司
X省X市X街

Copies 1, 2 and 3 of this Air Waybill are originals and have the same validity.

Agent's Name and City
XXX公司

Accounting Information
CCC公司.ECT
INVOICE ATTACHED

Place of Departure and requested Routing
XXX

to PVG | By first Carrier (Routing and Destination) | to | by | to | by X公司 | Currency EUR | WT/VAL | Other | XXX公司 | Declared Value for Customs

Airport of Destination SHANGHAI PUDONG | Flight/Date /24 | Flight/Date | Amount of Insurance | INSURANCE – If Shipper requests insurance in accordance with issuer's conditions indicate amount to be insured in figures in box marked Amount of Insurance

Handling Information (including Marks or Numbers on packages and method of packing)
CSLA 96
SHIPPING TERM: E3XW
STATUS X

No. of Pieces RCP	Gross Weight	Kg lb	Rate Class / Commodity Item No.	Chargeable Weight	Rate / Charge	Total	Nature and Quantity of Goods (inc. Dimensions or Volume)
1	90,0	K	N	188,0	0,71	133,48	MEMBRANE KEYPAD NOT RESTRICTED MRN 21DE395645611910E0 ECD: MRN REF NO. DEL: XXXX-XXXX, INV NO. INV: XXXX-XXXX P/O NO. XXXXXXXXXX

Prepaid | Weight Charge | Collect
133,48

Other Charges
MA:5,00 S/FEE:11,28 PICKUP:15,04
THC:1,88

33,20

It is agreed that the goods herein are accepted subject to issuer's conditions of contract. If the carriage involves an ultimate destination or stop in a country other than the country of departure, the Warsaw Convention may be applicable and the Convention governs and in most cases limits the liability of carriers in respect of loss of, damage or delay to cargo. Agreed stopping places are those places (other than the places of departure or destination) detailed under "Routing" herein and/or those places shown in the timetables of any carriers performing carriage hereunder as scheduled stopping places for the route.

Shipper certifies that the particulars on the face hereof are correct
Signature of Shipper or his agent

Total prepaid | Total collect.
166,68
Currency conversion rates | cc charges in dest. country

X机X航班
19/03/21 11:48
11:49 19 MAR 2021 AIR EXPORT
Executed on (date) at (place) Signature of Issuing Carrier or its agent

ON HAND:　　NED XXXX XXXX

ORIGINAL 3 (SHIPPER)

图 3-56　航空运单

易错项目

一、运输工具名称及航次号栏

（一）规范填报

×机×航班。

（二）易错点解析

“运输工具名称”指运载货物进出境的运输工具的名称或编号。“航次号”指运载货物进出境的运输工具的航次号。“运输工具名称”与“航次号”的填报内容应与运输部门向海关申报的舱单（载货清单）所列相应内容一致。

本单为维修物品进口单，且在航空运单中明确写明了运输工具名称及航次号，因此本栏目填报"×机×航班"。

二、货物存放地点栏

（一）规范填报

××机场海关××区××仓库。

（二）易错点解析

填报货物进境后存放的场所或地点，包括海关监管作业场所、分拨仓库、定点加工厂、隔离检疫场、企业自有仓库等。进口报关单中，本栏目为必填项；出口报关单中，本栏目为选填项。

本单企业所给信息里面告知了货物存放地点，因此直接填企业给出的货物存放地点，所以本栏目填报"××机场海关××区××仓库"。

三、征免性质栏

（一）规范填报

其他法定（299）。

（二）易错点解析

根据实际情况按海关规定的"征免性质代码表"选择填报相应的征免性质简称及代码，持有海关核发的征免税证明的，应按照征免税证明中批注的征免性质填报。

本单为维修物品进口报关单，监管方式为"进出境修理物品（1300）"，因此填报对应的征免性质，本栏目填报"其他法定（299）"。

四、数量及单位栏

（一）规范填报

1SET。

（二）易错点解析

报关单上的"数量及单位"栏目指进出口商品的成交数量及计量单位，以及海关法定计量单位和按照法定计量单位计算的数量。

海关法定计量单位分为海关法定第一计量单位和法定第二计量单位。海关法定计量单位以《统计商品目录》中规定的计量单位为准。例如，天然水为千升/千克，烟卷为千克/千支。

该栏目一般可在发票、装箱单、提运单中找到相关信息，该发票中说明了数量及单位（Quantity Unit），所以该栏目填报"1SET"。

五、总价栏

（一）规范填报

9000.00。

（二）易错点解析

总价是指进出口货物实际成交的商品总价的金额部分。"总价"栏目填报同一项号下进出口货物实际成交的商品总价格。无实际成交价格的，本栏目填报货值。单价与总价的关系为：总价/成交数量=单价。

该出口发票中明确填报了货物的总价，所以直接竖排填入即可，即本栏目填报"9000.00"。

六、征免栏

(一) 规范填报

全免（3）。

(二) 易错点解析

按照海关核发的征免税证明或有关政策规定，对报关单所列每项商品选择海关规定的"征减免税方式代码表"中相应的征减免税方式填报。

本单为维修物品进口报关单，监管方式为"进出境修理物品（1300）"，所以免征，本栏目填报"全免（3）"。

案例 13 进料加工货物进口报关单填制案例解析

背景资料

加工贸易生产企业×××公司和××× COMPANY 签订进料加工××××的合同，×××公司于 2019 年 12 月 1 日委托报关公司代理进口通关手续，入境关区为埔新港关（关区代码 5202），入境口岸为黄埔集装箱码头（简称集司码头），该货物应在黄埔海关黄埔新港办事处办理货物检验检疫手续，××× 公司的 10 位检验检疫编码为××××××××××。

商品信息如下：

货名为：××××，境外发货人：××× COMPANY。

×××公司提供的通关文件信息如下：

加工贸易电子手册，编号：×××××××××××；

装箱单，如图 3-57 所示；

发票，如图 3-58 所示；

提货单，如图 3-59 所示。

1. 装箱单

装箱单

XXX COMPANY
X市X街

Bill To: **XXX公司**

电话：xxx- xxxxxxxx

发票号码：	XXXXXXXXX	电子手册号：	XXXXXXXXXXXX
贸易方式：	进料对口	提单日期：	**2019-11-20**
成交条款：	**CIF GUANGZHOU**	预计到货日：	**2019-12-01**
运输模式：	**SEA**	出发地：	韩国

项目	产品描述	数量	净重	毛重	材积
		（件）	（千克）	（千克）	
01	XXXX	2卷	11860	11980	镀了铝和锌
	手册项号:(XX)商品编号:XXXXXXXXX				包装用木加固，已有 IPPC 标识
	总计	2卷	11.860M/T	11.980M/T	

Marks & Nos:
P/O-NO.SPEC SISE COATING DEST COIL-NO.NET WT.GROSS WT.DONGBU STEEL CO.,LTD.
MADE IN KOREA

原产地：韩国

图 3-57 装箱单

2. 发票

发票

XXX COMPANY
X市X街

Bill To: XXX公司
地址：X市X街

电话：XXX—XXXXXXXX

发票号码：	XXXXXXXXX	电子手册号：	XXXXXXXXXXX		
贸易方式：	进料对口	提单日期：	2019-11-20		
成交条款：	CIF GUANGZHOU	预计到货日：	2019-12-01		
运输模式：	SEA	出发地：	韩国		
项目	产品描述(货名、规格型号、品牌等)		数量	单价 USD	小计 USD
XX 手册项号： (XX)	XXXX 规格：XXX		11860KGS	0.8720	10341.92
总计			11860KGS	10341.92	

（TO BE RETURNED TO TCLC AFTER USING IN CHINA）

U. S DOLLARS TEN THOUSAND THREE HUNDRED AND FORTY—ONE POINT TINE TWO ONLY

原产地： 韩国

图 3-58 发票

3. 提货单

提货单

DELIVERY ORDER

致：＿＿＿＿＿港区、场、站　　　　　　　　　　　　　No.

通知人：＿＿＿＿＿＿＿　　　　　　　　　　　　　　2019年12月2日

收货人：XXX公司

下列货物已办妥手续、运费结清，准许交付收货人

船名	编号：XXXXXXXX	航次	XXXXX	起运港	INCHON		目的港	HUANGPU
提单号	XXXXXXXXXXXXXXX	交付条款	CY/CY	到付海运费		堆存地点	合同号	
卸货地点	黄埔新港集司码头	到达日期	2019/11/30	进库场日期		拆箱日期	船名航次	
货名	XXXX							

集装箱数	1*20GP	集装箱号　铅封号　箱型	
件数	2 COIL		
重量	11980KG	单重	XXXXXXXXXX/XXXXXXXXXX/20GP
体积	2	拼箱总重	
标志	P/O-NO.SPEC SIZE COATING DEST COIL-NO.NET WT.GROSS WT.DONGBU STEEL GO.,LTD. MADE IN KOREA PART OF ONE (1)*20(S.O.C)		

请核对放货

凡属法定检验，检疫的进口商品，必须向有关监督机构申报　　　　　　XXX公司
　　　　　　　　　　　　　　　　　　　　　　　　　　　　　仅供报关用

收货人或货代盖章	海关章	海关章	检验检疫章
1	2	3	4
5	6	7	8

图 3-59　提货单

易错项目

一、备案号栏

（一）规范填报

××××××××××××。

（二）易错点解析

本栏目填报进出口货物收发货人、消费使用单位，以及生产销售单位在海关办理加工贸易合同备案或征、减、免税备案审批等手续时核发的加工贸易手册、海关特殊监管区域和保税监管场所保税账册、征免税证明或其他备案审批文件的编号。

本栏目可在装箱单中找到，由于本案例是进料加工，"备案号"栏应填报与其相应的编号，所以此处填报"××××××××××××"。

二、监管方式栏

（一）规范填报

进料加工贸易 0615（进料对口）。

（二）易错点解析

应根据实际对外贸易情况，按海关规定的"监管方式代码表"选择填报相应的监管方式简称及代码。

由装箱单可知货物的贸易方式为进料对口，所对应的监管方式为进料对口，所以报关单中本栏目填报"进料加工贸易 0615（进料对口）"。

三、标记唛码及备注栏

（一）规范填报

P/O‒NO. SPEC SISE COATING DEST COIL‒NO. NET WT. GROSS WT. DONGBU STEEL CO. , LTD. MADE IN KOREA。

（二）易错点解析

标记唛码及备注是指除按报关单固定栏目申报进出口货物有关情况外，需要补充或特别说明的事项，包括关联备案号、关联报关单号，以及其他需要补充或特别说明的事项。

本栏目可在装箱单中找到，Marks & Nos 为货物标记唛码的英文表示，所以在报关单中本栏目填报："P/O‒NO. SPEC SISE COATING DEST COIL‒NO. NET WT. GROSS WT. DONGBU STEEL CO. , LTD. MADE IN KOREA"。

四、项号栏

（一）规范填报

第一行：××。第二行：××××××××××××。

（二）易错点解析

本栏目分两行填报。第一行填报报关单中的商品顺序编号；第二行填报备案序号，专用于加工贸易及保税、减免税等已备案、审批的货物，填报该项货物在加工贸易手册或征免税证明等备案、审批单证中的顺序编号。

在装箱单中已知项号为"××",所以在报关单中本栏目第一行填报"××",第二行填报"×××××××××××××"。

五、征免栏

(一)规范填报

全免（3）。

(二)易错点解析

按照海关核发的征免税证明或有关政策规定，对报关单所列每项商品选择海关规定的"征减免税方式代码表"中相应的征减免税方式填报。

对"进料加工"进口货物，已确认按保税通关制度报关（保税）的，其对应征免关系为全免，所以本栏目在报关单中填报"全免（3）"。

案例 14　来料加工货物进口报关单填制案例解析

背景资料

×××公司和日本×××××公司以来料加工方式，签订进口×××的合同，合同号：×××××-×××××××，需要办理进口手续。

商品信息如下：

商品名称：×××；商品编号：××××××××××；中文品牌：××；外文品牌：××××；非医疗器械；商品项号：×；货物存放地：青岛胶东国际机场货运站。

×××公司提供的通关文件信息如下：

公司委托×××报关公司办理进口通关手续，货物向芜湖海关申报进口，由青岛海关入境，进境关别：青机场关（4220），加工贸易手册号：××××××××××××；进口保税核注清编号：××××××××××××××××××；提单号：××××××××；航次号：144；

发票，如图 3-60 所示；

装箱单和重量尺码单，如图 3-61 所示；

航空运单，如图 3-62 所示。

1. 发票

XXXXX

XXXXX　CORPORATION

<u>I N V O I C E</u>　　　　　　　　　DATE: 12.NOV.2021

INVOICE NO.:　XXXXXXX
SHEET NO. :　1
Your Ref. No.:

SOLD TO:　　　　　　　　　　　　　　SHIPPED TO REFERENCE:

XXX 公司　　　　　　　　　　　　　XXX 公司
X 市 X 街　　　　　　　　　　　　　X 市 X 街

VESSEL/ON:　　　　　　　　　　　　　OUR BOOK NO.: 0　XXXXXXXXXX

SAILING ON OR ABOUT:　17.NOV.2021　　　L/C NO.　:
FROM : OSAKA　　　　　　, JAPAN　　　ISSUING BANK:
VIA :　　　　　　　　　　,
TO :　WUHU　　　　　　, CHINA
FINAL: WUHU　　　　　　, CHINA
　　　　　　　　　　OTHER PAYMENT TERMS:

S/1	MARKS & NOS.	DESCRIPTION OF GOODS	QUANTITY	U/PRICE	AMOUNT
			DDU		
				USD	
XXXXXXX		MODEL: LQ0DDPKPZX5	10,080 PIECE(S)	5.00	50,400.00
		LCD PANEL	ORDER NO.: TOKEN2021T1108		
			******* NO COMMERCIAL VALUE ******		
TOTAL:	6　PALLET(S)		10,080　PIECE(S)		50,400.00

Manager
XXXXX CORPORATION

图 3-60　发票

2. 装箱单和重量尺码单

–PACKING LIST & WEIGHT MEASUREMENT LIST–

INVOICE N0.: XXXXXXX
SHEET NO.: 1

S/I	C/N0.	PACKING	MODEL/PARTS	QTY	N/W KG	G/W KG	M³
XXXXXXX	1–6	PALLET	LQ0DDPKPZX5	PIECE(S) 10,080	2,192.736	2,484.00	9.243
TOTAL:		6 PALLET(S)			2,192.736KG	2,484.00KG	9.243 M³

Manager
×××××× CORPORATION

图 3–61　装箱单和重量尺码单

3. 航空运单

860	OSA	02333873				H. A. W. B. NO.:XXXXXXXXXXX

Shipper's name and address	Account No.		NOT NEGOTIABLE AIR WAYBILL (AIR CONSIGNMENT NOTE) ISSUED BY
XXXXX CORPORATION NO. 11,xxxxx STREET, xxxxxxxx DISTRICT, xxxxxxxx,xxxxxxx, JAPAN TEL: +xxxxxxxxxxxxxxxxxx			****** Freight Forwarding (China) CO., LTD.

Consignee's name and address	Account No.	It is agreed that the goods described herein are accepted in apparent good order and condition (except as noted) for carriage SUBJECT TO THE CONDITIONS OF CONTRACT ON THE REVERSE HEREOF, ALL GOODS MAY BE CARRIED BY ANY OTHER MEANS, INCLUDING ROAD OR ANY OTHER CARRIER UNLESS SPECIFIC CONTRARY INSTRUCTIONS ARE GIVEN HEREON BY THE SHIPPER. THE SHIPPER'S ATTENTION IS DRAWN TO THE NOTICE CONCERNING CARIER'S LIMITATION OF LIABILITY. Shipper may increase such limitation of liability by declaring a higher value of carriage and paying a supplemental charge if required.
xxx CO.,LTD. X 市,X 街 TEL: +XXXXXXXXXXXXXXX		

Issuing Carrier's Agent and city		Accounting Information
***********, OSAKA		
Agent's IATA code	Account No.	FREIGHT PREPAID DOOR DELIVERY
Airport of Departure(Add. of First Carrier) and Requested Routing OSAKA, JAPAN		NTFY ID:USC*********************** SHIP ID: LEI*********************** CNEE ID: USCI***********************

To TAO	By first Carrier HY	to	by	to	By	Currency JPY	CHGS code	Wt/Val		OHTER		Declared Value for Carriage NVD	Declared Value for Customs NCV
								PPD X	COLL	PPD X	COLL		

Airport of Destination QINGDAO，CHINA	Flight/Date HY9128/17	Amount of Insurance XXX	INSURANCE-If carrier offers insurance and such insurance is requested in accordance with the conditions thereof indicate amount to be insured in figures in box marked Amount of Insurance.

Handling Information	NOTIFY。 SAME-AS-CONSIGNEE。 FINAL-DEST：WUHU。		

No. of Pieces	Gross Weight	Kg/lb	Rate Class		Chargeable Weight	Rate/Charge	Total	Nature and Quantity of Goods (incl. Dimensions or Volume）
6	2484.0	K	Q	Commodity item no.	2484.0		AS ARRANGED	LCD PANEL 6PLASTIC PLTS ONLY DIM: 150X130X79X6PLT TTL.9.243M3 INV NO. XXXXXXX
6	2484.0							

Prepaid Freight	Weight Charge	Collect	Other Charges MY:89.424 CG:500
	Valuation Charge		
	Tax		
	Total Other Charges Due Agent		Shipper certifies that the particulars on the face hereof are correct and that insofar as any part of the consignment contains dangerous goods, such part is properly described by name and is in proper condition for carriage by air according to the applicable Dangerous Goods Regulations.
	Total Other Charges Due Carrier		Jiangsu Siming Trading Co., Ltd.
89,924			Signature of Shipper or his agent
	Insurance Premium		
Total Prepaid	Total Collect		16 NOV 2021 OSAKA, JAPAN
Currency Conversion Rates	CC Charges in dest. Currency		Executed on (Date) at (Place) Signature of issuing Carrier or as Agent
For Carrier's Use Only at Destination	Charges at Destination	Total Collect Charges	HAWB.NO:XXXXXXXXXXX JOBNO:XXXXXXXXXXXXXXX

图 3-62　航空运单

易错项目

一、备案号栏

（一）规范填报

××××××××××。

（二）易错点解析

本栏目填报进出口货物收发货人、消费使用单位，以及生产销售单位在海关办理加工贸易合同备案或征、减、免税备案审批等手续时核发的加工贸易手册、海关特殊监管区域和保税监管场所保税账册、征免税证明或其他备案审批文件的编号。

本栏目可在本案例的背景资料中找到，由于本案例是来料加工，背景中有加工贸易账册号，此号属于备案号，所以本案例中的"备案号"栏目填报"×××××××××××"。

二、监管方式栏

（一）规范填报

来料加工（0214）。

（二）易错点解析

应根据实际对外贸易情况，按海关规定的"监管方式代码表"选择填报相应的监管方式简称及代码。

本栏目可在本案例的背景资料中找到，因为本案例是来料加工方式，其对应的监管方式为来料加工，所以本案例中的"监管方式"栏目填报"来料加工（0214）"。

三、征免性质栏

（一）规范填报

来料加工（502）。

（二）易错点解析：

根据实际情况按海关规定的"征免性质代码表"选择填报相应的征免性质简称及代码，持有海关核发的征免税证明的，应按照征免税证明中批注的征免性质填报。

本栏目可在本案例的背景资料中找到，因为本案例是来料加工方式，其监管方式是来料加工，对应的征免性质为来料加工，所以本案例中的"征免性质"栏目填报"来料加工（502）"。

四、成交方式栏

（一）规范填报

DDU。

（二）易错点解析

在进出口贸易中，进出口商品的价格构成和买卖双方各自应承担的责任、费用和风险，以及货物所有权转移的界限，以贸易术语（价格术语）进行约定。

在填报进出口货物报关单时，应依据进出口货物的实际成交价格条款，按照海关"成交方式代码表"选择填报相应的成交方式代码。

贸易术语 DDU 是指未完税交货（Delivered Duty Unpaid），指卖方在指定的目的地将货物交给买方处置，不办理进口手续，也不从交货的运输工具上将货物卸下，即完成交货。

这种贸易术语是指在实际的工作过程中，出口商和进口商在进口国的某个地方进行货物的交付，在其中，出口商必须承担货物运送到指定地点的一切费用和风险，以及办理海关手续的费用和风险。

根据以上解释，就本案例而言，"成交方式"栏目可填报"DDU"。

五、项号栏

（一）规范填报

第一行：×。第二行：×××××××××××。

（二）易错点解析

本栏目分两行填报。第一行填报报关单中的商品顺序编号；第二行填报备案序号，专用于加工贸易及保税、减免税等已备案、审批的货物，填报该项货物在加工贸易手册或征免税证明等备案、审批单证中的顺序编号。

本栏目可在本案例的背景资料中找到，根据报关单填制规范，所以本案例中的"项号"栏目第一行填报"×"；第二行填报"×××××××××××"。

案例 15　退运复进口货物进口报关单填制案例解析

背景资料

　　CCC 公司委托 BBB 公司向 AAA 公司退运复进口集成电路一批，原签订合同号：CICSC-211206-001FJ，以公路运输的方式（运输工具名称：/×××××××××××）运输至深圳湾关，进口后存放在企业自有仓库。运费费率为 0.5‰，保费费率为 0.1‰，杂费费率为 0.09‰，境内目的地：深圳特区；现需办理通关进口手续。

　　商品信息如下：

　　商品名称：集成电路；申报商品编号：××××××××××；外文品牌：KINETIC TECHNOLOGIES；规格型号：KTA1136EUAE-TR，电子产品用，电源管理功能，已封装，已蚀刻，已切割。

　　CCC 公司提供的通关文件信息如下：

　　关联报关单号：491620210161501941；总运单号：××××；

　　合同，如图 3-63 所示；

　　鉴定报告，如图 3-64 所示；

　　进口发票、箱单，如图 3-65 所示。

1. 合同

合 同

买方：BBB公司　　　　　　　　　　　　　　　　合同号码：　CICSC-211206-001FJ
深圳市南山区松坪山新东路
电 话：XXXX-XXXXXXXX　　传 真：XXXX-XXXXXXXX

卖方：AAA公司　　　　　　　　　　　　　　　　签约日期：　2021.11.27
香港沙田安平街8号

经买卖双方同意，买卖双方按以下条款订立本合同　　　签约地点：　深圳

价格条件：FOB

序号 NO.	货物品牌 BRAND	货物名称 DESCRIPTION OF GOODS	货物规格型号 MODEL/SPECIFICATION	原产国 COUNTRY OF ORIGIN	数量 QTY	单位 UNIT	单价 USD UNITY PRICE	总 价 USD TOTAL PRICES	备注 REMARKS
1	KINETIC TECHNOLOGIES	集成电路	KTA1136EUAE-TR	中国	48000	个	0.2703	12,974.40	

1. 包装：用适合陆海空长途运输并能有效保护商品的坚固外包装。
2. 交货期/装运期：2021-12-31前
3. 唛头：无。
4. 装运口岸：香港, 中国 到货口岸:深圳, 中国
5. 保险：由买方按发票总值100%投保一切险。
6. 装运通知：
　□ 卖方须在货到深圳前一天将发票、装箱单及运输公司、广东车牌号等事项传真通知买方。
　□ 卖方在货物装船(或交运)后当天或经二天将船名、起运口岸、启航日期等电告买方，并同时将发票、装箱单的正本各3套和货物提单正本/副本1套派人送交或用特快专递给买方。
7. 付款方式：买方在收货验收合格后，120天内T/T付款给卖方。
8. 质量保证:卖方保证货物用优良原材料和上乘工艺制成、全新、未经使用，并完全符合制造厂的合格标准/卖方与中国内地用户所订标准。在正确安装、正常使用和保养情况下，自货到口岸起12个月内运用良好。
9. 检验与索赔：货到口岸起90天内，若品质、型号、规格、数量、重量与合同不符，除保险公司或运输公司应负责的外，买方有权向卖方索赔。在上述的保证期内，货物由于本身的缺陷包括制造工艺不良或使用不恰当的原材料而产生的损坏，买方亦有权向卖方索赔。买方的索赔凭中国商检机构出具的商检证书为最后的依据。对质量问题可用退货或换货并同时赔偿有关损失的办法解决，或用货物贬值/退还部分货款办法处理。

买方：　BBB公司　　　　　　　　　　　　卖方：　　AAA 公司

图 3-63　合同

2. 鉴定报告

证书编号：219907470100856
签发日期：2021 年 9 月 9 日

检 验 证 书

委 托 人：CCC 公司
申报品名：集成电路
申报数量/重量：48000 个
原（进/出口）报关单号：4916202101161501941
提单号码：--/--
货柜号码：--/--
检验/评定日期：2021 年 9 月 8 日
检验/评定内容及结论：

1. 货物信息：

序号	商品名称	规格型号	品牌	数量
1	集成电路	KTA1136EUAE-TR 型	Kinetic Technologies 牌	48000 个

2. 检验/评定意见：

　　根据申请人提供的委托单、进/出口货物报关单、检验报告等相关资料，经我司人员检验/评定，上述货物存在 2 个批次在测试过程中烧录异常，导致部分产品没有烧录成功的质量问题。

备　注：1）此证书仅适用于办理货物报关手续，不作其他用途。
　　　　2）本证书自签发之日起 60 天内有效。

-------------------------------- 结束 --------------------------------

授权签字人：__XXX__

第 1 页 共 1 页

中国检验认证集团深圳有限公司
CCIC SHENZHEN CO., LTD.
地址(Add.)：广东省深圳市南山区粤海街道高新区社区科技南
十二路006号中检大厦20层、21层、22层
20th, 21st and 22nd Floor, Zhongjian Building, No.6 Keji'nan
12th Rd. High-Tech Zone, Yuehai Street, Nanshan District,
Shenzhen, Guangdong, China
电话(Tel.)：86-755-88286188　传真(Fax)：86-755-88286288
网址(Website)：www.ccicshenzhen.com.cn

统一社会信用代码：9144030019223795XR

C 47 0001359

图 3-64 鉴定报告

3. 进口发票、箱单

AAA公司

AAA COMPANY LIMITED

发票INVOICE/ 箱单PACKING LIST

香港沙田安平街8号

Units 801-802, 8/F, Grandtech Centre, No. 8 On Ping Street, Siu Lek Yuen, Shatin, N.T., HK

INVOICE NO.: CICSC-211206-001FJ

CONTRACT NO.: CICSC-211206-001FJ

成交方式: FOB

序号	箱号 MARKS&NOS.	货物品牌 BRAND	报关品名 DESCRIPTION OF GOODS	货物规格型号 MODEL/SPECIFICATION	原产国 COUNTRY OF ORIGIN	数量 QTY	单位 UNIT	单价 UNITY PRICE	总价 TOTAL PRICES	净重 NET WEIGHT	毛重 GROSS WEIGHT	箱数 NO. OF PACKAGES
1		KINETIC TECHNOLOGIES	集成电路	KTA1136EUAE-TR	中国	48000	个	0.2703	12,974.40	6.4	8.08	1
	总价:					48000			12,974.40	6.4	8.08	1

中芯供应链收货人:

收货日期:

经营单位: AAA公司

收货单位: CCC公司

图 3-65 进口发票、箱单

易错项目

一、监管方式栏

(一) 规范填报

无代价抵偿（3100）。

(二) 易错点解析

应根据实际对外贸易情况，按海关规定的"监管方式代码表"选择填报相应的监管方式简称及代码。

该批货物是因为原进口货物存在检验不合格，退运复进口更换的货物对应的监管方式为无代价抵偿。

二、征免性质栏

(一) 规范填报

其他法定（299）。

(二) 易错点解析

根据实际情况按海关规定的"征免性质代码表"选择填报相应的征免性质简称及代码，持有海关核发的征免税证明的，应按照征免税证明中批注的征免性质填报。

由装箱单可知货物的监管方式为无代价抵偿，所对应的征免性质为其他法定，所以报关单中本栏目填报"其他法定（299）"。

三、征免栏

(一) 规范填报

全免（3）。

（二）易错点解析

按照海关核发的征免税证明或有关政策规定，对报关单所列每项商品选择海关规定的"征减免税方式代码表"中相应的征减免税方式填报。

对"无代价抵偿"进口货物，已确认机器、仪器或其零部件残损或品质不良，其进口的抵偿货物，可免予征税，其对应征免关系为全免，所以本栏目在报关单中填报"全免（3）"。

四、标记唛码及备注栏

（一）规范填报

备注：无代价抵偿复运进口，检验鉴定报告证书号：219907470100856 N/M　关联报关单号：491620210161501941。

（二）易错点解析

标记唛码及备注是指除按报关单固定栏目申报进出口货物有关情况外，需要补充或特别说明的事项，包括关联备案号、关联报关单号，以及其他需要补充或特别说明的事项。

本栏目唛码无，但因为是无代价抵偿货物，需要填写备注，所以在报关单中本栏目填报"备注：无代价抵偿复运进口，检验鉴定报告证书号：219907470100856 N/M关联报关单号：491620210161501941"。

五、保费栏

（一）规范填报

0.01/1。

（二）易错点解析：

进出口货物报关单所列的保费是指进出口货物在国际运输过程中，由被保险人付给保险人的保险费用。进口货物保费是指货物运抵我国境内输入地点起卸前的保险费用，出口货物保费是指货物运至我国境内输出地点装卸后的保险费用。

在发票中已知货物成交条款为FOB，背景资料提供了保费费率为0.1‰，所以本栏目填报为"0.01/1"。

案例16 保税电商货物进口报关单填制案例解析

背景资料

×××××进出口有限公司与×××××××CO.,LTD签订了进口一批×××多维光护沁融水感防晒液，该货物是以保税电商的方式进口的，合同号：20200221001。

进口商品的信息如下：

商品名称：×××多维光护沁融水感防晒液；货物数量：30000件；包装方式：天然木托；成交方式：CIF；原产国：西班牙；货物最终流向长沙黄花综合保税区/长沙市长沙县。

进口商提供的通关文件如下：

×××××进出口有限公司备案号：×××××××××××；

保税核注清单 QD492120I000000642；

代理报关委托协议（电子）；

销售合同，如图3-66所示；

发票，如图3-67所示；

装箱单，如图3-68所示。

1. 合同

<table>
<tr><td colspan="4" align="center">销售合同
SALES CONTRACT</td></tr>
<tr><td>Seller</td><td>XXXXXXXX CO., LTD</td><td>No.</td><td>20200221
001</td></tr>
<tr><td rowspan="2">Buyer</td><td rowspan="2">XXXXXX IMPORT AND EXPORT TRADE CO., LTD.</td><td>Date</td><td></td></tr>
<tr><td>Signed in</td><td>CHANG SHA</td></tr>
<tr><td colspan="4">This contract is made by and between the Buyer and Seller, whereby the buyer agrees to buy and the seller agrees to sell the goods according to the under-mentioned and conditions.</td></tr>
<tr><td>Description</td><td>Quantity(PCS)</td><td>Unit Price(USD)</td><td>Amount</td></tr>
<tr><td></td><td></td><td></td><td>CIF</td></tr>
<tr><td>XXX 多维光护沁融水感防晒液</td><td>30000</td><td>12.6320</td><td>378960.00</td></tr>
<tr><td>Total</td><td>30000</td><td></td><td>378960.00</td></tr>
<tr><td colspan="4">With 1% more or less of shipment allowed at the sellers' option</td></tr>
<tr><td colspan="4">Packing: 天然木托</td></tr>
<tr><td>Shipping Marks:</td><td>N/M</td><td>Port of Loading:</td><td></td></tr>
<tr><td>Time of Shipment:</td><td></td><td>Port of Destination:</td><td></td></tr>
<tr><td>Insurance:</td><td colspan="3">TO BE COVERED BY THE SELLERS FOR 110% OF FULL INVOICE VALUE AGAINST ALL RISKS AND WAR RISKS AS PER PICC UP TO ROTTERDAM ONLY.</td></tr>
<tr><td>Payment:</td><td colspan="3">L/C</td></tr>
<tr><td colspan="2" align="center">THE SELLER</td><td colspan="2" align="center">THE BUYER</td></tr>
<tr><td colspan="2" align="center">XXXXXXXX CO., LTD</td><td colspan="2" align="center">XXXXXX IMPORT AND EXPORT TRADE CO., LTD.</td></tr>
</table>

图 3-66　销售合同

2. 发票

商业发票 COMMERCIAL INVOICE					
TO: xxxxxx IMPORT AND EXPORT TRADE CO., LTD.			Invoice No.		ZL211024
			Invoice Date		
Port of Loading	中国香港		S/C No.		20200221001
Port of Destination	皇岗		S/C Date		
Issued By	xxxxxxxx CO.,LTD.				L/C No.
					LT715816
Mark & Numbers	Description	Quantity （PCS）	Unit Price （USD）	Amount （USD）	
				CIF	
N/M	xxx 多维光护沁融水感防晒液	30000	12. 6320	378960. 00	
	Total	30000 PCS		USD 378960. 00	

图 3-67　发票

3. 装箱单

图 3-68 装箱单

易错项目

一、监管方式栏

（一）规范填报

保税电商（1210）。

（二）易错点解析

应根据实际对外贸易情况，按海关规定的"监管方式代码表"选择填报相应的监管方式简称及代码。

本案例可在背景资料中找到监管方式为保税电商，所以本栏目填报"保税电商（1210）"。

二、征免栏

（一）规范填报

全免（3）。

（二）易错点解析

按照海关核发的征免税证明或有关政策规定，对报关单所列每项商品选择海关规定的"征减免税方式代码表"中相应的征减免税方式填报。

本案例可在背景资料中找到货物是以保税电商的监管方式进口的，所以对应的征免为全免。故本栏目填报"全免（3）"。

三、原产国（地区）栏

（一）规范填报

西班牙（ESP）。

（二）易错点解析

原产国（地区）是指进口货物的生产、开采或加工制造的国家（地区）。

本栏目应按海关规定的"国别（地区）代码表"选择填报相应的国家（地区）名称及代码。

本案例中本栏目可在装箱单中找到原产国（地区），装箱单中的原产国（地区）为西班牙，所以本栏目填报"西班牙（ESP）"。

四、备案号栏

（一）规范填报

××××××××××××。

（二）易错点解析

本栏目填报进出口货物收发货人、消费使用单位，以及生产销售单位在海关办理加工贸易合同备案或征、减、免税备案审批等手续时核发的加工贸易手册、海关特殊监管区域和保税监管场所保税账册、征免税证明或其他备案审批文件的编号。

本栏目可在本案例的背景资料中找到，所以本案例中本栏目填报"××××××××××××"。

五、境内目的地/境内货源地栏

（一）规范填制

（43016/430121）长沙黄花综合保税区/长沙市长沙县。

（二）易错点解析

境内目的地填报已知的进口货物在国内的消费、使用地区或最终运抵地，其中最终运抵地为最终使用单位所在的地区。最终使用单位难以确定的，填报货物进口时预知的最终收货单位所在地。

境内货源地填报出口货物在国内的生产地或原始发货地。出口货物产地难以确定的，填报最早发运该出口货物的单位所在地。

进口填报境内目的地，出口填报境内货源地。

本栏目可在本案例的背景资料中找到，故本案例中本栏目应填报"（43016/430121）长沙黄花综合保税区/长沙市长沙县"。

六、随附单证代码及编号栏

（一）规范填报

随附单证1：保税核注清单 QD492120I000000642 随附单证2：代理报关委托协议（电子）；发票；装箱单；合同；提运单。

（二）易错点解析

根据海关规定的"监管证件代码表"和"随附单据代码表"选择填报除《报关单填制规范》第十六条规定的许可证件以外的其他进出口许可证件或监管证件、随附单证代码及编号。

本栏目分为随附单证代码和随附单证编号两栏，其中随附代码栏按海关规定的"监管证件代码表"和"随附单据代码表"选择填报相应证件代码；随附单证编号栏填报证件编号。

本栏目可在本案例的背景资料中找到，所以本案例中本栏目填报"随附单证1：保税核注清单 QD492120I000000642 随附单证2：代理报关委托协议（电子）；发票；装箱单；合同；提运单"。

案例 17　进料对口货物进口报关单填制案例解析

背景资料

中国××××进出口有限公司从日本××××Co.,Ltd 进口一批×××××××××的货物。该进口货物从博多港启运，于 2020 年 2 月 19 日直接运抵深圳蛇口×××码头（蛇口海关）。提运单号：××××××××××××，无木质包装，境内目的地：北京市丰台区。

进口商品的信息如下：

商品名称：×××××××××，商品编号：××××××××××，该商品无牌，监管方式：进料对口。形状：宽≥800mm/厚≤0.2mm ×；材质：铝。状态：有衬背。衬背材料：尼龙+PP 聚丙烯塑料。规格：宽（816mm）×总体厚度（0.075mm）×厚度（0.030mm）。加工方法：轧制。加工程度：未进一步加工。型号：×××××××××型。双方无特殊关系，商品无特殊权使用费。

进口商提供的通关文件信息如下：

进料加工手册：××××××××××××（2020-01，同乐海关）；

保税核注清单号：××××××××××××××××××；

发票，如图 3-69 所示；

装箱单，如图 3-70 所示。

1. 发票

发 票

买方： XXXXX进出口有限公司　　　　　　发票号： XXXX-XX

地址： XX市XX区XX街XXX号　　　　　　日期： 2020年1月15日

电话：　　　　　　　　　　　　　　　　成交条件： CIF深圳

传真：　　　　　　　　　　　　　　　　页 码： 1/1

项号	品名及规格	原产地	数量(千克)	单价（JPY）	金额(JPY)
1	XXXXXXXXX	日本	11,107	206.5700	2,294,373.00
		合计	11,107		2,294,373.00

图 3-69　发票

2. 装箱单

装　　箱　　单

买方： XXXXX进出口有限公司 　　　　　　发票号： XXXX-XX
地址： XX市XX区XX街XXX号 　　　　　　日　期： 2020年1月15日
电话： 　　　　　　　　　　　　　　　　页　码： 1/1
传真：

集装箱号： XXXXXXXXXX (40')

项号	品名及规格	件数	包装	数量(千克)	净重（千克)	毛重（千克)
1	XXXXXXXXX	27	塑封	11,107	11107.00	12268.00
总计		27		11,107	11107.00	12268.00

图 3-70　装箱单

易错项目

一、监管方式栏

（一）规范填报

进料对口（0615）。

（二）易错点解析

应根据实际对外贸易情况，按海关规定的"监管方式代码表"选择填报相应的监管方式简称及代码。

本案例可在运输信息中找到监管方式为进料对口，所以本栏目填报"进料对口（0615）"。

二、征免性质栏

（一）规范填报

进料加工（503）。

（二）易错点解析

根据实际情况按海关规定的"征免性质代码表"选择填报相应的征免性质简称及代码，持有海关核发的征免税证明的，应按照征免税证明中批注的征免性质填报。

本栏目与监管方式有一定的逻辑关系，因为本案例的监管方式为进料对口，对应的征免性质为进料加工。所以本栏目填报"进料加工（503）"。

三、征免栏

（一）规范填报

全免（3）。

（二）易错点解析

按照海关核发的征免税证明或有关政策规定，对报关单所列每项商品选择海关规定的"征减免税方式代码表"中相应的征减免税方式填报。

由本案例中的运输信息可知，货物的监管方式为进料对口，则对应的征免为全免。所以本栏目填报"全免（3）"。

四、备案号栏

（一）规范填报

×××××××××××××。

（二）易错点解析

本栏目填报进出口货物收发货人、消费使用单位，以及生产销售单位在海关办理加工贸易合同备案或征、减、免税备案审批等手续时核发的加工贸易手册、海关特殊监管区域和保税监管场所保税账册、征免税证明或其他备案审批文件的编号。

本栏目填报加工贸易手册的编号，本案例可在货物信息中找到进料加工手册编号：×××××××××××××。所以本栏目填报"×××××××××××××"。

五、包装种类栏

（一）规范填报

其他包装（99）。

（二）易错点解析

填报进出口货物的所有包装材料，包括运输包装和其他包装，按海关规定的"包装种类代码表"选择填报相应的包装种类名称及代码。运输包装指提运单所列货物件数单位对应的包装，其他包装包括货物的各类包装，以及植物性铺垫材料等。

本栏目应根据进出口货物的实际外包装种类和材质，按海关规定的"包装种类代码表"选择填报相应的包装种类代码。

本栏目可在装箱单中找到包装，本案例中的包装为塑封，属于其他包装，且塑封没有动植物材料，所以本栏目填报"其他包装（99）"。

案例 18　区内物流货物进口报关单填制案例解析

背景资料

AAA 有限公司与 BBB 公司进行一批区内物流货物贸易，该批货物监管方式为区内物流货物（5034），征免为全免（3）。

无特殊关系；无价格影响；无特许权使用费。

商品信息如下：

商品项数包含 24 项，非医疗器械，N/M；集装箱标箱，号码 UETU2755008；UETU5778630；

备注：

B/L：SITKBSH2000978_2；合同号：9BEE10004。

AAA 有限公司提供的通关信息文件如下：

保税核注清单，编号为 QD492120I000000795；

代理报关委托协议（电子）；

原产地证书，原产地证号 B110852，无原产商发票；

合同，如图 3-71 所示；

发票和装箱单，如图 3-72 所示；

备案清单，如图 3-73 所示。

1. 合同

		SALES CONTRACT			
BUYER: AAA 有限公司		DATE:		20200101	
SELLER: BBB CO., LTD		NUMBER:		9BEE10004	
FROM: KOBE，JAPAN		TO:		CHINA	
MARKS & NOS.	DESCRIPTION OF GOODS	QUANTITY(PCS)	UNIT PRICE(JPY)	AMOUNT (JPY)	
	1	H. S. : 4009110000 PCY管	4.5千克 90提	122.0000	10,980.0000	
	2	H. S. : 6806900000 衬垫	28.08千克 1080个	304.0000	328,320.0000	
	3	H. S. : 3917400000 高压喷油嘴	10.24千克 128个	1,812.0000	231,936.0000	
	4	H. S. : 3917400000 蒸发管接头	16.5千克 1500个	98.0000	147,000.0000	
	5	H. S. : 7318190000 双头螺柱	117千克 1950个	48.0000	93,600.0000	
	6	H. S. : 8413302900 燃油泵	40台 35.36千克	8,389.0000	335,560.0000	
	7	H. S. : 8481102000 CY滤网	1050个 1.05千克	67.0000	70,350.0000	
	8	H. S. : 8481201000 供油器控制阀	1056套 137.28千克	1,316.0000	1,389,696.0000	
N/M	9	H. S. : 9017800000 发动机机油标尺	960个 24.96千克	134.0000	128,640.0000	
	10	H. S. : 9026900090 发动机机油标尺管	142千克 1000根	362.0000	362,000.0000	
	11	H. S. : 8484100000 放油口垫片	5.688千克 3896个	11.9795	46,672.0000	
	12	H. S. : 8484100000 放油口垫片	16千克 4000个	16.5000	66,000.0000	
	13	H. S. : 7318151001 汽缸头螺栓	2064.26千克 31620个	49.1872	1,555,300.0000	集装箱箱号码： UETU2755008： UETU5778630：
	14	H. S. : 7318151090 缸盖螺栓	231.46千克 15680个	9.2806	145,520.0000	
	15	H. S. : 8409919990 缸体分总成	17281.28千克 25484个	711.9462	18,143,236.0000	
	16	H. S. 7318159090 法兰螺栓	18千克 2700个	5.7778	15,600.0000	
	17	H. S. 7318160000 法兰螺母	55.6千克 8100个	8.3580	67,700.0000	
	18	H. S. : 7318220001 平垫圈(10)	31千克 9000个	11.3333	102,000.0000	
	19	H. S. : 8483900090 凸轮轴链轮	1016.088千克 1688个	3,079.4028	5,198,032.0000	
	20	H. S. : 7309000000 可回收货架(HR11)	1400千克 14个	16,800.0000	235,200.0000	
	21	H. S. : 7309000000 可回收货架(MRH1)	1080千克 18个	12,500.0000	225,000.0000	
	22	H. S. : 7309000000 可回收货架(BAR1)	252千克 28个	3,400.0000	95,200.0000	
	23	H. S. : 3923900000 塑料托盘(T077)	184.8千克 330个	250.0000	82,500.0000	
	24	H. S. : 3923900000 塑料托盘(KHT5)	352.8千克 84个	2,818.0000	236,712.0000	

买卖双方经协商同意按以下条款成交：
The undersigned Seller and Buyer have agreed to conclude the following transactions according to the terms and conditions set forth as below.
1. 装运期限: 收到订金后45天交货
Time of Shipment: 45 days after the deposit
2. 付款方式: 30%订金，收到副本提单后付清余款
Way of payment: 30%deposit, 70%after received the copy of B/L
3. 溢短装条款(more or less): 5%
4. 包装/Packing: carton
5. 品质/数量异议(Quality/Quantity discrepancy):
如买方提出索赔，凡属品质异议须于货到目的口岸之日起30天内提出。凡属数量异议须于货到目的口岸之日起15天内提出，对所装货物所提任何异议于保险公司、轮船公司其他有关运输机构或邮递机构所负责者，卖方不负任何责任。
In case of quality discrepancy, claim should be filed by the Buyer within 30 days after the arrival of the goods at port of destination, while for quantity discrepancy. claim should be filed by the Buyer within 15 days after the arrival of the goods at port of destination. It is understood that the Seller shall not be liable for any discrepancy of the goods shipped due to causes for which the Insurance Company. Shipping Company. other Transportation Organization for Post Office are liable.
6. 本合同为中英文两种文本，两种文本具有同等效力。本合同一式2份。自双方签字（盖章）之日起生效。
The Contract is made in both Chinese and English, both of which have the same legal effect. The Contract is made in duplicate. It shall come into force as of the date of signature (seal) by both parties.

BUYER: AAA 有限公司		SELLER: BBB CO., LTD

图 3-71 合同

2. 发票和装箱单

INVOICE & PACKING LIST						
BUYER:		AAA 有限公司	NUMBER :	JD111111		
			DATE:	20200212		
			C/N:	9BEE10004		
SELLER:		BBB CO.,LTD	B/L:	SITKBSH2000978_2		
			FROM:	KOBE, JAPAN		
			TO:	CHINA		
PAYMENT TERMS:						
DOC.ATT.		INVOICE;PACKING LIST;CONTRACT				
MARKS & NOS.		DESCRIPTION OF GOODS	QUANTITY (PCS)	UNIT PRICE (JPY)	AMOUNT (JPY)	
N/M	13	H.S.:7318151001 汽缸头螺栓	2064.26千克 31620个	49.1872	1,555,300.0000	
	14	H.S.:7318151090 缸盖螺栓	231.46千克 15680个	9.2806	145,520.0000	
	15	H.S.:8409919990 缸体分总成	17281.28千克 25484个	711.9462	18,143,236.0000	
	16	H.S.:7318159090 法兰螺栓	18千克 2700个	5.7778	15,600.0000	
	17	H.S.:7318160000 法兰螺母	55.6千克 8100个	8.3580	67,700.0000	
	18	H.S.:7318220001 平垫圈 (10)	31千克 9000个	11.3333	102,000.0000	集装箱标箱号码： UETU5778630;
	19	H.S.:8483900090 凸轮轴链轮	1016.088千克 1688个	3,079.4028	5,198,032.0000	
	20	H.S.:7309000000 可回收货架 (HR11)	1400千克 14个	16,800.0000	235,200.0000	
	21	H.S.:7309000000 可回收货架 (MRH1)	1080千克 18个	12,500.0000	225,000.0000	
	22	H.S.:7309000000 可回收货架 (BAR1)	252千克 28个	3,400.0000	95,200.0000	
	23	H.S.:3923900000 塑料托盘 (T077)	184.8千克 330个	250.0000	82,500.0000	
	24	H.S.:3923900000 塑料托盘 (RHT5)	352.8千克 84个	2,818.0000	236,712.0000	
TOTAL:		N.W:	24505.946	G.W:	24,604.9330	
BUYER:		AAA 有限公司	SELLER:	BBB CO.,LTD		

图 3-72　发票和装箱单

3. 备案清单

中华人民共和国海关内贸货物跨境运输进境备案清单

预录入编号：　　　　　　　海关编号：　　　　　　　页码/页数：

境内收货人 AAA 有限公司	进境关别	进境日期	申报日期	备案号 T4921W000038
境外发货人	运输方式	运输工具名称及航次号	提运单号	货物存放地点
消费使用单位	监管方式		许可证号	启运港
合同协议号 9BEE10004	贸易国（地区）	启运国（地区）	经停港	入境口岸

包装种类	件数	毛重（千克） 24604.9330	净重（千克） 24505.946	成交方式	运费	保费	杂费

随附单据及编号

标记唛码及备注

项号	商品编号	商品名称及规格型号	数量及单位	单价/总价/币制	原产国（地区）	最终目的国（地区）	境内目的地
1.	4009110000	PCY 管	4.5 千克/90 提	122.0000/10,980.0000/日元	日本		
2.	6806900000	衬垫	28.08 千克/1080 个	304.0000/328,320.0000/日元	日本		
3.	3917400000	高压喷油嘴	10.24 千克/128 个	1,812.0000/231,936.0000/日元	日本		
4.	3917400000	蒸发管接头	16.5 千克/1500 个	98.0000/147,000.0000/日元	日本		
5.	7318190000	双头螺柱	117 千克/1950 个	48.0000/93,600.0000/日元	日本		
6.	8413002900	燃油泵	35.36 千克/40 台	8,389.0000/335,560.0000/日元	日本		
……							
24.	3923900000	塑料托盘(RHT5)	352.8 千克/84 个	2,818.0000/236,712.0000/日元	日本		

报关人员　　报关人员证号　　电话 申报单位	兹申明对以上内容承担如实申报、依法纳税之 法律责任 申报单位（签章）	海关批注及签章

图 3-73 备案清单

易错项目

一、备案号栏

（一）规范填报

T4921W000038。

（二）易错点解析

本栏目填报进出口货物收发货人、消费使用单位，以及生产销售单位在海关办理加工贸易合同备案或征、减、免税备案审批等手续时核发的加工贸易手册、海关特殊监管区域和保税监管场所保税账册、征免税证明或其他备案审批文件的编号。

本栏目为必填项，因为属于特殊贸易中的区内物流货物，根据本案例资料中的备案清单应填报为"T4921W000038"。

二、监管方式栏

（一）规范填报

区内物流货物（5034）。

（二）易错点解析

应根据实际对外贸易情况，按海关规定的"监管方式代码表"选择填报相应的监管方式简称及代码。

本栏目为必填项，根据背景资料所描述的实际贸易情形，填报"区内物流货物（5034）"。

三、征免栏

（一）规范填报

全免（3）。

（二）易错点解析

按照海关核发的征免税证明或有关政策规定，对报关单所列每项商品选择海关规定的"征减免税方式代码表"中相应的征减免税方式填报。

本栏目为必填项，由于本案例货物的监管方式为区内物流货物，可得知征免应填报"全免（3）"。

四、原产国（地区）栏

（一）规范填报

日本（JPN）。

（二）易错点解析

原产国（地区）是指进出口货物的生产、开采或加工制造的国家（地区）。本栏目应按海关规定的"国别（地区）代码表"填报相应的国家（地区）名称及代码。

本栏目为必填项，根据本案例资料中的合同可得出本栏目应填报"日本（JPN）"。

五、包装种类

(一) 规范填报

其他包装（99）。

(二) 易错点解析

本栏目应根据进出口货物的实际外包装种类和材质，按海关规定的"包装种类代码表"选择填报相应的包装种类代码。

本栏目为必填项，应填报"其他包装（99）"，根据本案例资料中的发票可得出本栏目填报内容。

案例 19　暂时进出货物进口报关单填制案例解析

　　××××进出口贸易有限公司与×××××××× CO.,LTD 签订暂时进出口协议。根据协议，×××××××× CO.,LTD 提供 1 台×××××，对××××公司生产的××××进行测试，于 2020 年 11 月 1 日从蛇口港（蛇口海关）进口，货物进境后存放于企业仓库，送往湖南省岳阳市，境内目的地：岳阳，合同号：××××××××。

　　进口商品的信息如下：

　　商品名称：××××，商品编号：××××××××××；产品为境外品牌（其他），产品为××××用，功能：检测功率大小，带记录装置，货物以保证金形式进口，双方无特殊关系确认，货物无特许权使用费确认。

　　进口商提供的通关文件信息如下：

　　《暂时进出境货物审核确认书》编号为：××××××××××××××××；

　　合同，如图 3-74 所示；

　　发票，如图 3-75 所示；

　　装箱单，如图 3-76 所示；

　　提货单，如图 3-77 所示。

1. 合同

PURCHASE CONTRACT

Contract NO.: XXXXXXXXX

Date: 2020.10.25

THE BUYERS: XXXXX IMPORT AND EXPORT TRADE CO.,LTD.

ADD: X市X街

TEL:0000–00000000···FAX :0000–00000000

THE SELLES: XXXXXXXX Co., LTD.

ADD: XXXXXXXXXXXXXXXXX

TEL: + 00–000–00–0000

This Contract is made by and between the Buyers and the Sellers;whereby the Buyers agree to buy and

the Sellers agree to sell the undermentioned commodity according to the terms and conditions stipulated

below.

1.商品，规格，数量及价格：

COMMODITY, SPECIFICATIONS, QUANTITY AND PRICE:

商品名称　　　规·格 NAME OF COMMODITY SEPECFICATIONS	数 量 QUANTITY	单 价 UNIT PRICE （USD）	总 价 TOTAL AMOUNT （USD）
H.S CODE: XXXXXXXXX XXXX	1- 台	7340	DDP ·SHENZHEN USD 7,340.00
TOTAL:	1 PCS		USD 7,340.00

2.装运期限：

TIME OF SHIPMENT: 2020/11/10.

3.装船港：

LOADING PORT: OSAKA.JAPAN

4.保险投保：

INSURANCE: SELLER' S CARE

5.付款方式：

TERMS OF PAYMENT:

6.目的地

PORT OF DESTINATION:

7.唛 头：

SHIPPING MARKS: N/M

BY T/ T REMITTANCE

T/T/60-DAYS BASED ON B/L DATE

SHENZHEN, SHEKOU

卖方：

THE.SELLERS:

买方：

THE BUYERS:

图 3-74　合同

2. 发票

COMMERCIAL INVOICE

1.Shipper XXXXXXXX CO., LTD. XXXXXXXXXXXXXXXXX TEL:+00-000-00-0000	6.No. & Date of Invoice XXXXXXXXX　　　　　　31-Oct-2020
	7.No. & Date of L/C
	8.L/C issuing bank
2.Consignee XXXXX IMPORT AND EXPORT TRADE CO.,LTD. X市 X 街	
3.Notify Party↵ SAME AS ABOVE	Remark

4.Port of Loading OSAKA, JAPAN	5.Port of Destination SHENZHEN, SHEKOU ,CHINA			
9.Marks ·& No. of Pkgs	10.Description of goods	11.Quantity/Unit	12. Unit Price	13.Amount DDP SHENZHE
MODEL:XXXXXXX	XXXX–XXXX	1　　　SET	USD7340	USD7,340.00
Country of origin: JAPAN	TOTAL:	1　　　SET	USD7340	USD7,340.00

图 3–75　发票

3. 装箱单

PACKING LIST

1.Shipper XXXXXXXX CO., LTD. XXXXXXXXXXXXXXXXX TEL:+00-000-00-0000				6. No.& Date of Invoice XXXXXXXXX　　31-0ct-2020				
2.Consignee XXXXX IMPORT AND EXPORT TRADE CO., LTD. X 市 X 街				7.No.&Date of L/C				
				8.L/C issuing bank				
3.Notify arty SAME AS ABOVE				Remark				
4.Port of Loading OSAKA, JAPA		5.Port of Destination SHENZHEN, SHEKOU ,CHINA						
9.Marks	Pack Type	No.	10.Description of goods…	11.Quantity/Unit		12.N.weight	13.G.weight	
			BRAND: SANYUAN					
	CARTON	1	XXXXXXXXXX	1	SET	48.00	60.00	
			XXXX					
TOTAL:		1		1	SET	48.00	60.00	

图 3-76　装箱单

4. 提货单

XXX 港口国际集装箱送货标准单

XXXXXXX **船舶代理有限公司**　　　XXXXXX

提 货 单

DELIVERY ORDER

致：_____港区、场、站

收货人/通知人：　**XXXXX 进出口贸易有限公司**

下列货物已办妥手续，运费结清，准予交付收货人。　　托运地：OSAKA

船次 XXXXXX	装货港 OSAKA	目的地 SHEKOU
提单号 XXXXXXXX	交付条款 CY-CY	海运费
卸货地点 SHEKOU	抵港日期 2020/11/1	第一程运输

标记与集装箱号	货名	件数	重量(KGS)	体积(M³)
XXXXXXXXXX　　XXXX　　XXXX		1 cartone	60	1.3
	TOTAL: ONE(1×20') ONLY			

请核对并将货物放给收货人。

　　　　　　　　　　　　　　　　　　　　　　　　　　2020年11月1日

凡属于法定检验，检疫的进出口商品，必须向有关监督机构申报。

收货人全称			
电话、传真	海关		
地址			2
签章			
3	4	5	6

图 3-77　提货单

易错项目

一、监管方式栏

（一）规范填报

暂时进出货物（2600）。

（二）易错点解析

应根据实际对外贸易情况，按海关规定的"监管方式代码表"选择填报相应的监管方式简称及代码。

本栏目可在本案例的背景资料中找到，买卖双方签订了暂时进出口协议，则本案例中"监管方式"栏目填报"暂时进出货物（2600）"。

二、征免性质栏

(一) 规范填报

其他法定 (299)。

(二) 易错点解析

根据实际情况按海关规定的"征免性质代码表"选择填报相应的征免性质简称及代码，持有海关核发的征免税证明的，应按照征免税证明中批注的征免性质填报。

已知本案例的监管方式为暂时进出货物，所以本案例中的"征免性质"栏目填报"其他法定 (299)"。

三、征免栏

(一) 规范填报

保证金 (6)。

(二) 易错点解析

按照海关核发的征免税证明或有关政策规定，对报关单所列每项商品选择海关规定的"征减免税方式代码表"中相应的征减免税方式填报。

本栏目可在本案例的背景资料中找到，所以此栏目填报"保证金 (6)"。

四、成交方式栏

(一) 规范填报

CIF (1)。

(二) 易错点解析

在进出口贸易中，进出口商品的价格构成和买卖双方各自应承担的责任、费用和风险，以及货物所有权转移的界限，以贸易术语（价格术语）进行约定。

在填报进出口货物报关单时，应依据进出口货物的实际成交价格条款，按照海关规定的"成交方式代码表"选择填报相应的成交方式代码。

本栏目可在本案例的合同中找到，由于本案例贸易术语为 DDP，对应交易方式为 CIF。所以本案例中"成交方式"栏目填报"CIF (1)"。

五、标记唛码及备注栏

(一) 规范填报

MODEL ×××××××。

(二) 易错点解析

标记唛码及备注是指除按报关单固定栏目申报进出口货物有关情况外，需要补充或特别说明的事项，包括关联备案号、关联报关单号，以及其他需要补充或特别说明的事项。

本栏目可在本案例的发票中找到，所以"标记唛码及备注"栏目填报"MODEL ××××××"。

六、随附单证代码及编号栏

（一）规范填报

本栏目为空。

（二）易错点解析

根据海关规定的"监管证件代码表"和"随附单据代码表"选择填报除《中华人民共和国进出口货物报关单填制规范》第十六条规定的许可证件以外的其他进出口许可证件或监管证件、随附单证代码及编号。

本栏目分为随附单证代码和随附单证编号两栏，其中随附单证代码栏按海关规定的"监管证件代码表"和"随附单据代码表"选择填报相应证件代码；随附单证编号栏填报证件编号。

本案例未提供关于本栏目的背景资料，所以本栏目为空。

参考文献

［1］中国报关协会. 关务基本技能［M］. 北京：中国海关出版社，2022.

［2］中国报关协会. 关务基础知识［M］. 北京：中国海关出版社，2022.